Ingeborg Bauer

AUGEN
BLICKE

Teil I:
AugenBlicke der Menschheit

Für Siegfried,
meinen treuen Reisegefährten

Ingeborg Bauer

AUGEN
BLICKE

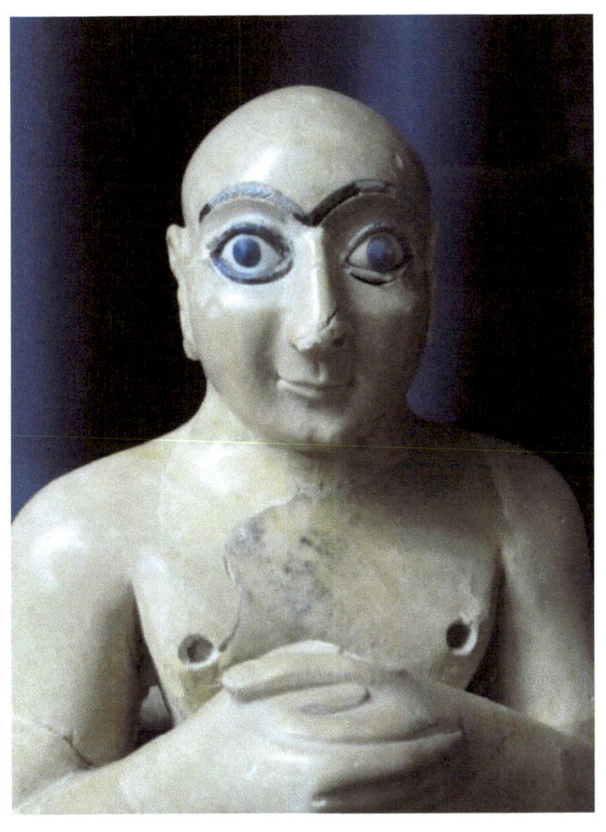

Teil I:
AugenBlicke der Menschheit

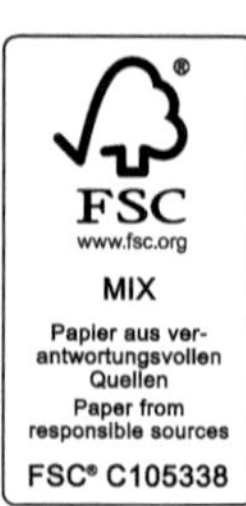

Text: Ingeborg Bauer
Fotos: Siegfried und Ingeborg Bauer
Layout: Ingeborg Bauer

Bibliografische Information der Deutschen Nationalbibliothek:
Die Deutsche Nationalbibliothek verzeichnet diese Publikation in der Deutschen Nationalbibliografie; detaillierte bibliografische Daten sind im Internet über < http://dnb.d-nb.de > abrufbar.

Herstellung und Verlag BoD - Books on Demand, Norderstedt
ISBN: 978-3-741-29301-6

AUGEN
BLICKE
Teil I

Augen-Blicke der Menschheit

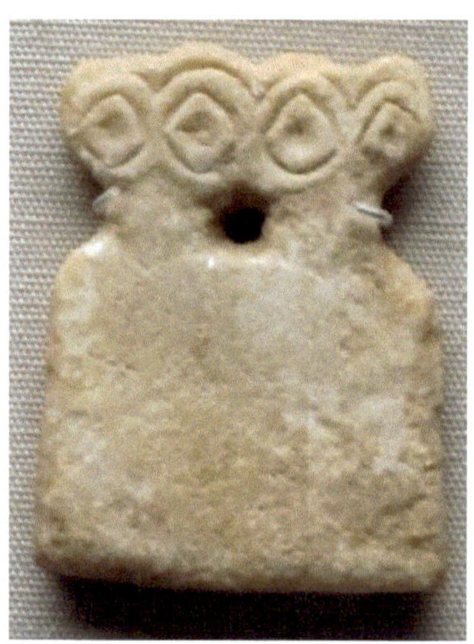
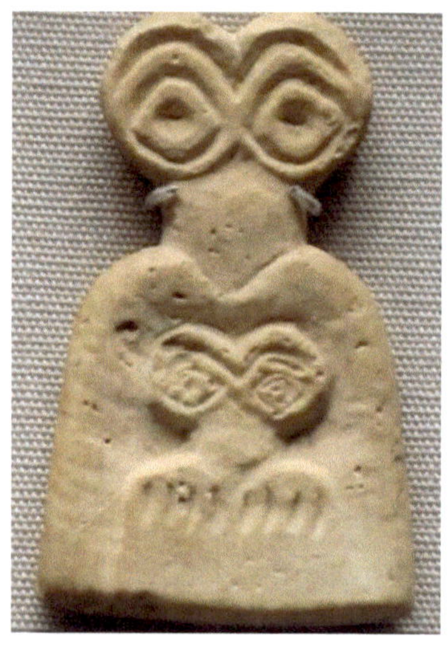

Augenidole aus dem Tempel von Tell Braq
(3500-3000 v.Chr.)

AUGEN
BLICKE
der Menschheit

Die Zeit vergeht
nach dem Stundentakt, nach Minuten, Sekunden
nach Tag und Nacht
nach Wochen, Monaten und Jahren
nach Jahrzehnten, Jahrhunderten, Jahrtausenden ...
und doch heben sich aus diesem regelmäßigen Kontinuum Momente heraus, die zumindest für den heutigen Betrachter auf Grund von Entdeckungen, bei denen der Zufall durchaus eine Rolle gespielt haben mag, zu Augenblicken der Menschheitsgeschichte werden.

Augenblicke, das Wort enthält den Begriff der Augen, im Blick das Sehen. Der Blick fällt auf etwas, kann aber auch bewusst auf etwas gerichtet sein. Mit dem Auge erobert der Mensch die Welt, das innere Auge schafft Vorstellungen, Visionen, führt den Menschen schon früh über die reale, die materielle Welt hinaus in eine Transzendenz. Hat er einmal die Fragen nach dem Woher und Wohin gestellt, ist er sich seines Soseins, seiner Identität bewusst geworden, so steht er dem eigenen Ungenügen, den Grenzen seines Menschseins gegenüber. Es ist wohl zu allen Zeiten das Auge gewesen, das der Mensch als das wichtigste Organ der Erkenntnis betrachtet hat.

Unter „Augenblicke der Menschheit“ möchte ich in diesem ersten Teil entscheidende Momente in der Geschichte des Homo sapiens verstehen, wesentliche Übergänge in der Entwicklung. Allerdings ist schon in der Bronzezeit im Bereich des Fruchtbaren Halbmonds nicht zu übersehen, dass die

Augen in der figurativen Kunst eine betonte Hervorhebung erfahren, so dass mit den ,Augenblicken der Menschheit' auch die Augen selbst als wesentliche Momente in der Darstellung des Menschen fungieren. Die etwa 300 Votivgaben, die im Augentempel von Tell Braq (ca. 3500 – 3300 v.Chr.) im Nordosten Syriens gefunden wurden, belegen das. Seit Tell Braq ist die gesteigerte Hervorhebung der Augen, die auch die Aufnahme eines Kontaktes zwischen Mensch und Gottheit signalisiert haben mag, - *erkennen und erkannt werden* -, ein wesentliches Charakteristikum der Kunst des Zweistromlands und des Nahen Ostens. Dies setzt sich im Laufe der Antike fort. Auch in der Bibel spielen das Auge und das Sehen eine bedeutende Rolle. Die wichtigste Wortwurzel für „sehen" (r'ah) kommt allein 1300mal vor, die für „hören" etwa 1160mal. Das Wort für Auge (,ajín) ist 866mal belegt, das Wort für Ohr nur 187mal. Damit wäre bewiesen, dass auch im Bereich der Schriftlichkeit, der Literatur, das Auge und der Sehsinn eine herausragende Bedeutung haben.[1]

Teil I: „Augen-Blicke der Menschheit" soll exemplarisch Eckpunkte in der Entwicklung der Menschheit aufzeigen. Augen-Blicke im buchstäblichen Sinn waren gleichwohl mit wesentlichen Entwicklungsschritten im Leben unserer Vorfahren verbunden.

Teil II der „AugenBlicke" beschäftigt sich mit der europäische Kunst im engeren Sinne. Auch hier spielen Augen eine große Rolle. Es ist die Renaissance, die dem Einzelnen ein Gesicht gibt. Es ist bekannt, dass Leonardo da Vinci ein ganz besonderes Interesse am menschlichen Antlitz zeigte. Er studierte den Schädel und ließ den Sehnerv in drei fiktive

---

[1] Silvia Schroer, Thomas Staubli, Die Körpersymbolik der Bibel (Darmstadt [2]2005). S.94

Geheimkammern münden. Die erste Kammer versammelte in verdichteter Form alle Sinne. Für den Meister sitzt direkt hinter dem Auge die Seele des Menschen. Die zweite Kammer beherbergt den Intellekt, die dritte die Erinnerung. Der Wissenschaftler Leonardo sah im Auge die wesentliche Möglichkeit, den Menschen als solchen und die Welt im weitesten Sinne zu ergründen.

Mit dem Porträt verwandt ist die Maske, hinter der der Einzelne verschwindet, das Auge verlustig geht, zur Leerstelle wird. Dem Sich-Verbergen hinter einer Maske, einem anderen, fremden Gesicht, können unterschiedliche Motivationen zu Grunde liegen. Der Einzelne kann sein Gesicht hinter einem allgemeinen, typischen verdecken. Hierzu gehört die Theatermaske der Griechen und Römer. Der Schauspieler verschwindet hinter einer künstlichen Figur. In der Commedia dell' Arte bezeichnet die Maske den Typus. In Karneval und Fasching verbirgt sich der Mensch hinter der Maske, die ihm Anonymität gewährt. Auch für den Kriminellen ist die Gesichtsmaske Versteck. Die Masken der afrikanischen, asiatischen und amerikanischen Ureinwohner machen den Träger zum Schamanen, rücken die Maske in einen transzendenten Bereich, der mit Göttern und Ahnen in Kontakt treten möchte. Ähnliche Funktionen hatten vermutlich die Urmütter der Frühzeit, die Idole der Bronzezeit. Sie sollten Schutz bieten, Übel abwehren, apotropäische Wirkung zeigen.

In Teil III wird es um die Weiterentwicklung von Gesicht und Maske, die unterschiedliche Darstellung des Kopfes in der Moderne gehen, die zum Teil anknüpft an frühe Kulturen, um sie ins 20. und 21. Jahrhundert zu transformieren. Zum andern führen Kubismus und Surrealismus zu einer Zerlegung des Kopfes, zu einer Auflösung bis zum Verschwinden.

Das Auge ist verbunden mit dem Zauber, der Magie – mit Kult und Ahnenverehrung. In der Moderne kommt es zu einer Wiederaufnahme archaischer Formen, die eine neue Wertung erhalten. Doch bleibt die Faszination des Magischen.

Reisen, Schauen, Lesen und über das Erfahrene reflektieren – so ergeben sich persönliche Schwerpunkte. Die Beschäftigung damit macht ein Ordnen der Eindrücke unerlässlich.

AUGEN
BLICKE
der Menschheit

AUGEN-BLICKE der Menschheit sollen nun dargestellt werden nach Kulturkreisen. Dadurch ergibt es sich zwangsläufig, dass eine chronologische Folge nicht in jedem Fall eingehalten werden kann. Es geht auch um Entwicklungen und Traditionen, die sich fortsetzen, um Parallelen, die sich ergeben aus den ähnlichen Bedürfnissen des ‚homo sapiens' in unterschiedlichen Regionen. Das Paläolithikum in Europa steht am Anfang, dann folgt die Entwicklung, wie sie sich im Gebiet des „fruchtbaren Halbmonds" darstellt mit Anatolien und dem Nahen Osten, den Hochkulturen des Zweistromlands und Ägyptens. Mit Griechenland rücken wir wieder an Europa heran. Nordeuropa tritt dann mit den Kelten und den Wikingern ins Blickfeld.

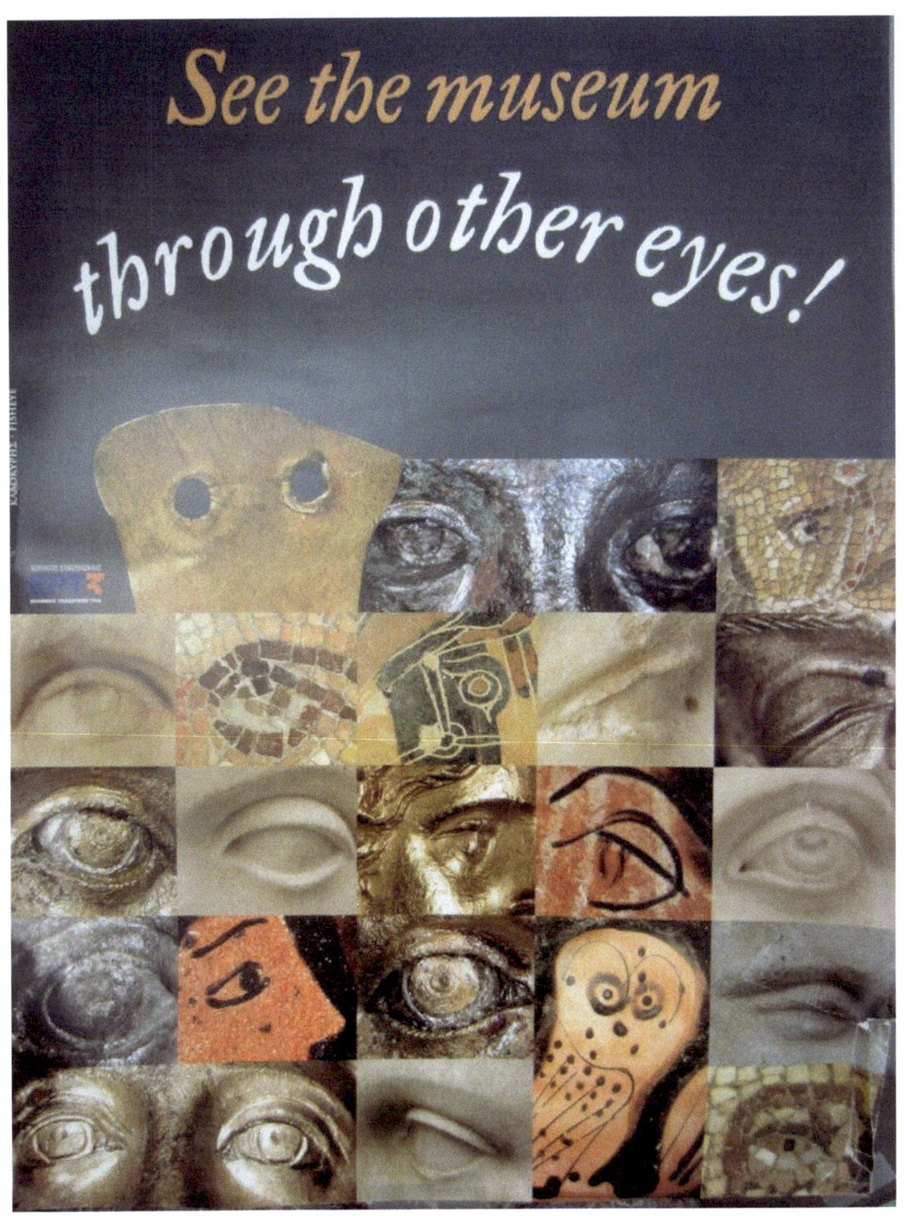
See the museum
through other eyes!

Paläolithikum

Beginn in Mitteleuropa

Die Grotte von Chauvet (Ardèche)

Im Dezember des Jahres 1994 entdeckten drei Amateurforscher die Höhle von Chauvet im Tal der Ardèche in Südfrankreich. Die Ardèche mäandriert durch ein Kalksteinplateau und bildet an einer Stelle die eindrucksvolle Felsbrücke des Pont d'Arc, die auch unseren Vorfahren schon als Markierung auf ihren Wanderungen gedient haben muss. Dort in der Steilwand öffnet sich eine 400 Meter tiefe Höhle, in der die ältesten Felszeichnungen gefunden wurden. Es handelt sich um etwa tausend Darstellungen von Löwen, Bären, Nashörnern, Pferden, Rentieren und einem Käuzchen. Ein Erdrutsch vor 20 000 Jahren hat die Höhle endgültig verschlossen, so dass sie in dem Zustand geblieben ist, in dem sie ihre letzten Bewohner verlassen hatten. Die Höhle soll in zwei unterschiedlichen Phasen benutzt worden sein: die erste etwa zwischen 37 5000 und 33 5000 B.P., die zweite zwischen 32 000 und 27 000 B.P. (before present / vor unserer Zeit). Es sind Fußspuren erhalten, aber auch Feuerstellen, Werkzeuge und etwa 50 Bärenschädel. Gerade letztere haben die Forscher mutmaßen lassen, dass sie nicht ganz zufällig herumliegen und dass sie im Zusammenhang mit Ritualen stehen könnten. Es wird daher angenommen, dass es keine Wohnhöhle gewesen ist, sondern ein sakraler Ort, worauf auch ein einzelner, auf einem Steinblock wie auf einem Altar liegender Bärenschädel hindeutet.

Die „Caverne du Pont d'Arc", wie die zum Weltkulturerbe gehörende Grotte Chauvet offiziell heißt, hat mit Hilfe der

Radiocarbonmethode das Entstehungsdatum der Felsmalereien auf 36 000 Jahre B.P. verlegt. Die berühmten Malereien von Lascaux werden erst um 20 000 B.P. datiert. Bis dahin hatte man Lascaux für den Höhepunkt einer langen Entwicklung gehalten, und jetzt steht man vor diesen doppelt so alten Zeichnungen, die von einzigartiger Qualität sind. Der großen Bedeutung wegen, die diesen Kunstwerken zukommt, hat man die Höhle auch schon als „den Louvre des Paläolithikums" bezeichnet. Dies ist auch der Grund, warum man sie verschlossen hat und nun ein paar Kilometer talaufwärts eine Reproduktion versucht. Die Wände der Originalhöhle sind zuvor im 3-D-Verfahren digital vermessen und in Einzelteilen aus Kunstharz nachgebaut worden. Das meiste wurde von Kulissenmalern direkt auf der Baustelle koloriert. Die Wandstücke mit den Tierszenen wurden auf zwei Malerateliers verteilt. Die Segmente für die Löwen-, Nashorn- und Pferde-Gruppen kamen zu Gilles Tosello nach Toulouse. Der Maler kopierte nicht einfach die Umrisse, sondern versuchte, die Strichführung der Künstler des Paläolithikums nachzuvollziehen. Er kommt zu dem Schluss, dass es sich um Rechtshänder gehandelt habe, die sehr rasch gearbeitet hätten. Überhaupt hätten sie über eine sichere Technik verfügt, die man fast als Stil bezeichnen könne. Die frühen Künstler benutzten ihre Finger, Holzkohlebrocken und Ritzwerkzeuge. Auch der Maler heute arbeitet mit verbranntem Pinienholz und für die roten Stellen mit natürlichen Ockerpigmenten. Solche Ockerpigmente finden sich in unmittelbarer Umgebung und waren wohl die ersten Farben, mit denen der Mensch gezeichnet hat. Die Ockerbrocken dieser Region werden in einem Artikel der Süddeutschen Zeitung symbolisch als „Quantensprung in der Menschheitsgeschichte" bezeichnet: „Der homo sapiens begann, ein kulturelles Wesen zu werden." [2]

Gilles Tosello hat bei der Herstellung der Kopien festgestellt, dass die Künstler Tiere einfach übereinandergemalt und schon geschwärzte Stellen wieder abgekratzt oder für neue Zwecke verwendet hätten. Er geht so weit, dass er von einem „Picasso der Steinzeit" spricht. Es gibt Filmaufnahmen, bei denen Picasso mit wenigen Pinselstrichen einen Stier auf eine Glasplatte malt, so ähnlich könnten die Steinzeitkünstler ihre Bilder geschaffen haben, außerdem haben sie Handabdrücke hinterlassen. Man meint, einen von ihnen wegen eines verkrümmten kleinen Fingers an mindestens zwei Stellen zu erkennen.[3]

---

[2] SZ 4.8.2016: Hubert Filser, „Die Farben des Lebens. Ockerbrocken waren die Basis der ersten Kunstwerke."

[3] Picasso hat in der Tat eine Serie von Stieren gezeichnet, die sich zunächst noch an der Körperform der Tiere anlehnen, die auf den Höhlenzeichnungen des Paläolithikums dargestellt sind. Doch dann unterlegt der Künstler der Moderne das Volumen des Tieres mit geometrischen Konstruktionslinien. Er übersetzt die Darstellung zunehmend in geometrische Körper, wie er sie in seiner kubistischen Phase entwickelt hat. Dann verzichtet er auf jegliche Körperlichkeit und schafft eine Transparenz, wobei er sich auf wenige Linien verlässt, schließlich nur noch auf den elementaren Umriss. Beine, Hörner und Schwanz werden zum Strich, Kopf und Geschlechtsteil zu minimalen Formen verkürzt.

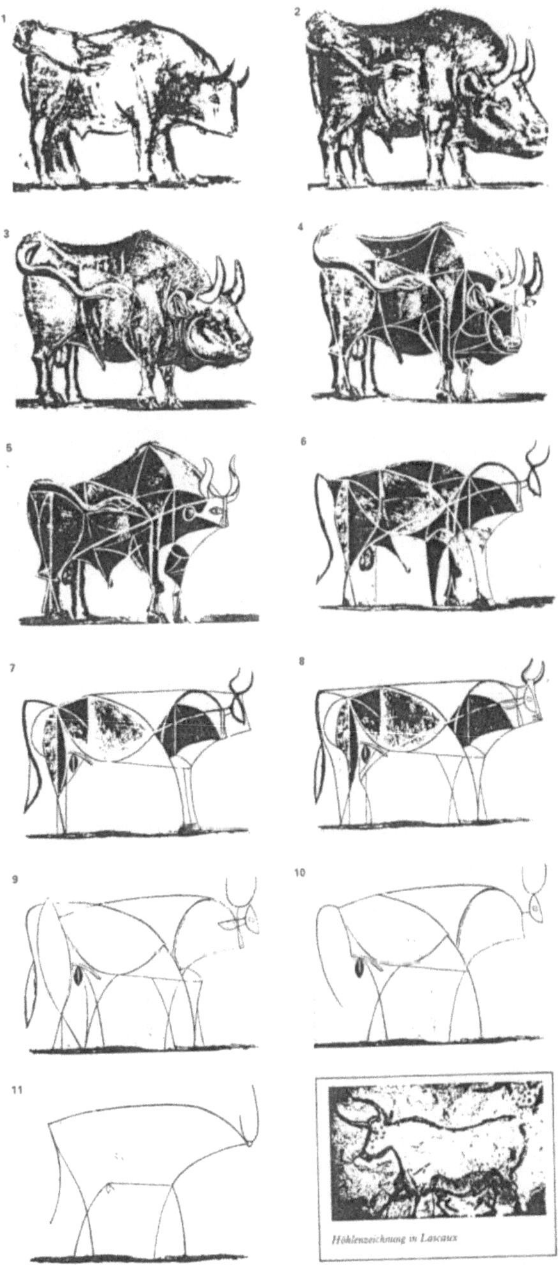

Höhlenzeichnung in Lascaux

„Der erste Mensch war ein Künstler.“ [4]

Das reine Abbilden sei für sie kein Problem gewesen. Man will festgestellt haben, dass die Menschen des Jungpaläolithikums präzisere Zeichner waren als viele spätere Künstler. Das treffe jedenfalls im Zusammenhang mit der Darstellung des Bewegungsablaufs, der Fußfolge zu. Die Forscher erklären sich das damit, dass es für das Überleben der damaligen Jäger entscheidend war, ihre Beute genau zu beobachten. Darüber hinaus wollten sie sich mit der Welt auseinandersetzen, meint der Künstler, der sich in die Schaffensweise seiner frühen Kollegen einzufühlen versucht. Er will Ansätze einer kubistischen Malerei entdeckt haben, dass Tiere zugleich von der Vorder- und Rückseite dargestellt wurden. Und dann sagt er das in unserem Zusammenhang Wichtige: „Das Entscheidende liegt bei diesen Höhlenzeichnungen in der Kopf- und Rückenpartie der Tiere, der Rest ist sekundär.“ [5] Gerade bei den Raubtieren sind die Augen deutlich betont. Die animistische Welteinstellung jener Menschen habe in der Kopfpartie der Tiere so etwas wie die Seele gesucht und die Tiergestalt nicht einfach als lauter gleichwertige Körperteile gesehen. Im Unterschied zu Lascaux wurden in der Grotte Chauvet auch wilde, gefährliche Tiere abgebildet, die auch damals eher selten gewesen sein müssen und üblicherweise nicht gejagt wurden.

---

[4] Barnett Newman schrieb zehn Jahre nach dem Zweiten Weltkrieg seinen berühmten Artikel: „Der erste Mensch war ein Künstler“. Die ehemals verfemte Moderne trat ihren Siegeszug an. Sie schulte Generationen, die Urzeitmalerei mit ihren Augen zu sehen, als frühe Picassos, Mirós oder Arps. Das moderne Kunstverständnis bereitete also den Boden für die Wertschätzung der frühen Ahnen.

Man nimmt an, dass durch den Akt des Abbildens das Wesen dieser Tiere, ihre Stärke festgehalten werden sollte, die sich wohl mittels eines Rituals auf den Menschen übertragen sollte. Möglicherweise war die Grotte über Jahrtausende eine Pilgerstätte, in der Initiationsrituale oder Ähnliches stattgefunden haben könnten.

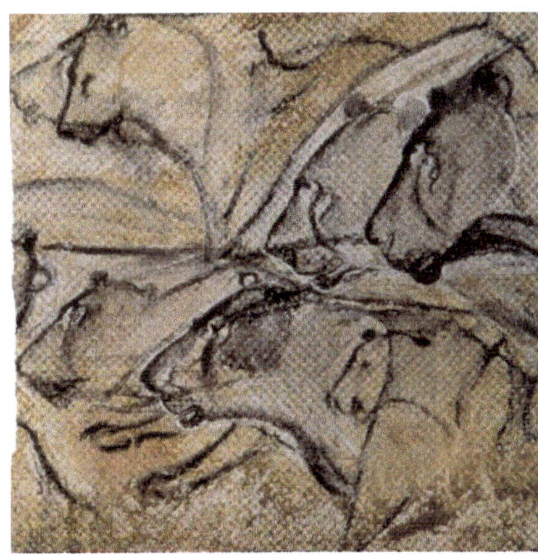

Der neolithische „Turm der schwarzen Pferde“ ist vermutlich in drei Phasen an der Stelle älterer Felszeichnungen entstanden.

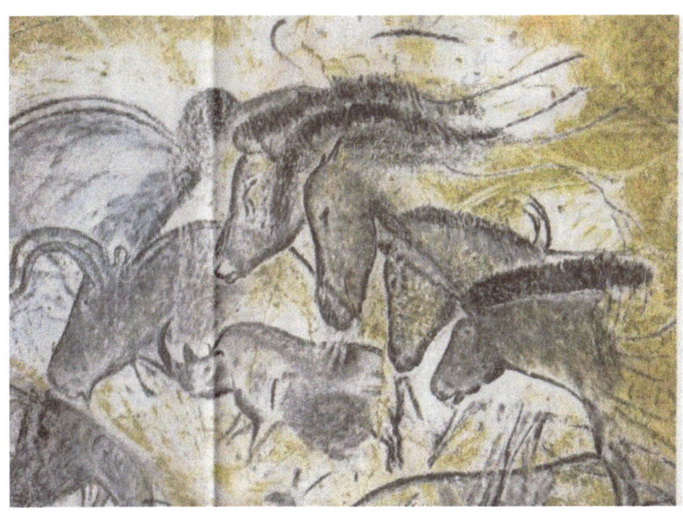

Literatur:

SZ 9.3.2015: „Picasso der Steinzeit. Die Gemälde in der Grotte von Chauvet sind nicht nur doppelt so alt wie die von Lascaux. Alles dort ist auch einmalig gut erhalten. Wie kann man diesen Schatz 36 000 Jahre nach seiner Entstehung trotzdem zeigen? Indem man eine Kopie der Höhle baut." Von Joseph Hanimann

FAZ 25.4.15: „Frühe Meister ohne Lehrzeit". Von Ulf von Rauchhaupt

SZ 7.12.2012: „Hohe Kunst. Steinzeit-Maler waren genauer als spätere Zeichner." Von Katrin Blawat

Newsweek May 24, 1999: „Secrets of the Cave Art. Finally allowed back into the cave containing the world's oldest rock paintings, scientists seek clues to the lives and beliefs of ancient artists". By Sharon Begley

Der Kunstphilosoph Max Raphael warnt ebenfalls davor, die visuelle Formensprache unser Vorfahren zu unterschätzen. Er meint, dass auch die Darstellungen aufeinander bezogen seien, dass „gegenüberliegende Wände einander antworteten". Es sei eine Formensprache entwickelt worden ohne ein überliefertes Bezugssystem. Während die jahrtausendealten Bilder der Nachwelt noch immer vor Augen stehen, verliert sich das Denken, das ihnen einmal entsprochen haben mochte im Unbestimmten. Wir können nur mutmaßen. Aleida Assman spricht in diesem Zusammenhang vom historischen Ursprung als „positivem Ort der Entzogenheit". Positiv, weil wir durch das Fehlen einer Erklärung die Freiheit haben, verschiedene Möglichkeiten in Erwägung zu ziehen. Die Kunstgeschichte hat die Wahl zwischen Selbstkritik und Verklärung, die Wahl, sich auf die sachliche Beschreibung von Fragmenten einzulassen oder den „Ort der Entzogenheit" zum numinosen Anfangsgrund aller Kunst zu machen, das heißt ihr ein Geheimnis zuzugestehen.[6]

Vom Tal der Ardèche zum Schwäbischen Jura

Im Schwäbischen Jura entstanden im selben Zeitraum kleine aus Stein, Knochen oder Geweihen geschnitzte Figürchen. In der Regel sind sie als Darstellungen von Tieren zu erkennen, im Falle des Löwenmenschen auch als hybride Form. Die etwa 40 000 Jahre alte Figur des Löwenmenschen aus dem Hohle Fels auf der Schwäbischen Alb, die aus Hunderten von minimalen Teilen wieder zusammengesetzt werden konnte, ist eine solche hybride Figur, von der man wohl annahm, dass sie die Kräfte des königlichen Tieres auf den Menschen übertragen könnte. Mensch-Tier-Wesen hatten zu allen Zeiten etwas Magisches. Auch Schamanen verkleideten sich als solche. [7]

Archäologen haben den Beginn figurativer Kunst stets als einen bedeutenden Schritt in der Evolution des Menschen betrachtet. Professor Nicholas J. Conard von der Universität Tübingen hat mit seinem Team in den letzten Jahren be-

---

[6] FAZ 29.1.2014: „Um die Ecke malen war kein Problem. Was haben sich unsere Vorfahren dabei gedacht, als sie auf die Wände ihrer Höhlen zeichneten? Auch der Kunstphilosoph Max Raphael kann darüber nur spekulieren, aber er tut es faszinierend." Dazu: Max Raphael: „Die Hand an der Wand" (Diaphanes Verlag Zürich, Berlin 2013)

[7] SZ 14.11.2013: „Der Löwenmensch von Schwaben. 1939 entdeckten Archäologen in einer Höhle die Überreste einer rund 40 000 Jahre alten Kult-Statuette. Nachdem bei weiteren Grabungen in jüngerer Zeit weitere Teile aufgetaucht sind, ist die Figur nun restauriert worden und im Museum von Ulm zu sehen." Von Hans Holzhaider

Die 40 000 Jahre alte Figur des Löwenmenschen vom „Hohle Fels“ auf der Schwäbischen Alb

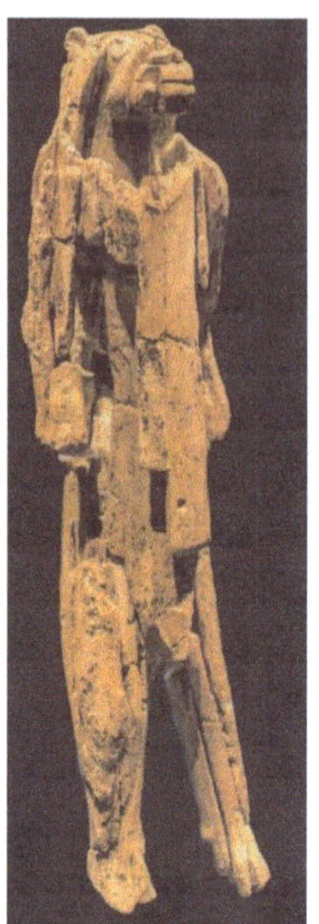

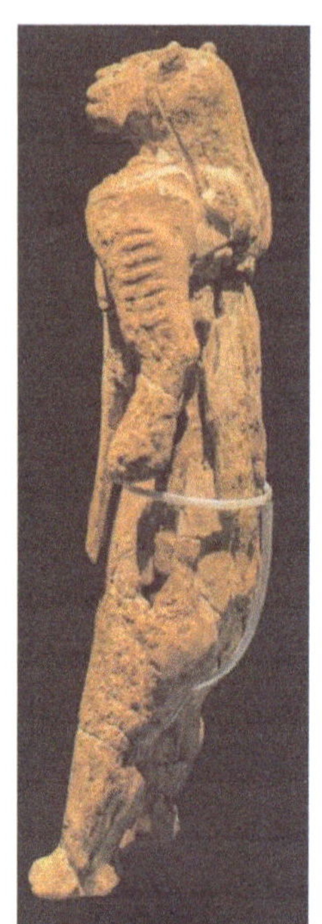

deutende Funde gemacht, so ein aus Mammutzähnen geschnitztes Pferdchen, eine fliegende Ente und Ergänzungen zu dem schon erwähnten, vor Jahrzehnten gefundenen Löwenmenschen. Diese Figürchen gehören in dieselbe Periode wie die Felszeichnungen von Chauvet, zur Aurignacien-Kultur (Haute-Garonne, 35 000 – 28 000 B.P.).

Abstrakte Kultgegenstände wurden in Afrika schon etwa 75 000 Jahre vor unserer Zeit dokumentiert, doch wurde die älteste Figuration 2008 von einer Studentin im Team von Professor Conard in der Hohle-Fels-Höhle im Lonetal bei Blaubeuren auf der Schwäbischen Alb gefunden, was eine Sensation darstellt. Conard sagt, sie habe seit knapp 40 000 Jahren in der Erde gelegen. Es handelt sich um einen wichtigen Fund, was die Entwicklung des modernen Menschen betrifft. Da es sich um eine weibliche Figur handelt, wird sie „Venus vom Hohle Fels" genannt. Sie ist wesentlich älter als die ca. 28 000 Jahre alte „Venus von Willendorf", die aus der nachfolgenden Periode stammt, die nach Fundorten bei La Gravette (Dordogne) als Gravettien-Kultur (28 000 – 22 000 B.P.) benannt ist. Während dieser Zeit, die etwa 8 000 Jahre andauerte, verschlechterte sich das Klima so, dass die Region höchstens ganz sporadisch von unseren Vorfahren bewohnt werden konnte, während die Alpengletscher immer weiter nach Norden vorrückten.

Die „Venus vom Hohle Fels" war in sechs Teile geborsten und wurde durch einen Restaurator gereinigt und mit Kunstharz zusammengeklebt. Sie sei der früheste Beleg für figürliche Kunst überhaupt – und widerlege damit die bisher in der Forschung vorherrschende Annahme, dass erst im mittleren und jüngeren Jungpaläolithikum, also vor rund 25 000 Jahren, die Menschen in Europa in der Lage waren, derartige Gegenstände herzustellen. Es könnte natürlich sein, dass die nach Europa eingewanderten Menschen ihre Kunstfertigkeit bereits mitgebracht haben. Allerdings fehlen Funde in anderen Regionen der Welt, die das belegen könnten.

Das gerade einmal sechs Zentimeter hohe Figürchen aus Mammutelfenbein zeigt eine Frau ohne Kopf und Füße. Dafür hat sie eine ringförmige Öse, die poliert erscheint und sie damit als Anhänger ausweist. Und ihre Geschlechtsmerkmale sind äußerst betont. Der Bauch und der eine Arm weisen tief eingeritzte Linienmuster auf, die typisch sind für das Aurignacien. Da sie an den Hüften fehlen und um die Taille herumgehen, könnte es sich um Bänder oder eine Art Kleidung handeln. Welchem Zweck diente die kleine Figur? Es spricht für eine lang anhaltende Kontinuität, dass solche Figuren sich über Tausende von Jahren erhalten haben. Man möchte vermuten, dass es sich um eine Art Kultobjekt handelt, das im Kontext von Fruchtbarkeit gesehen werden muss, und konkreter, einer Schwangeren Hilfe bei der Geburt bieten sollte. Kopf und Augen hatte die Figur allerdings nicht.[8]

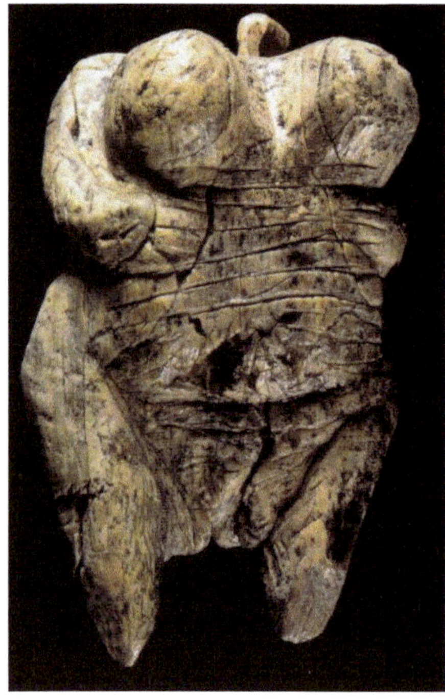

„Venus vom Hohle Fels"
(38 000 v.Chr.)

[8] Nicholas J. Conard, Letter to „Nature" 459, 248-52 (Excerpt), May 14th, 2009
FAZ 14.5.2009: Ulf von Rauchhaupt, "Sexuelle Energie aus der Eiszeithöhle".

AUGEN-BLICKE der Frühzeit – was den Menschen gemein ist[9]

„Urmütter":
Von der „Venus vom Hohle Fels"
zur kleinasiatischen Artemis

Mit den ersten figurativen Darstellungen werden die Anfänge eines im weitesten Sinne religiösen Bewusstseins verbunden. Die Frau wird zum Symbol der Fruchtbarkeit und des Lebens. Ob es sich um mythische Ahnenmütter oder Geistwesen handelt, muss Spekulation bleiben. Diese frühen Figuren haben üppige Körperformen mit übertriebenen Geschlechtsmerkmalen, wie wir sie bei der „Venus vom Hohle Fels" vor uns haben. Bei der „Venus von Willendorf" ist der Kopf geneigt, so dass keine Gesichtspartien ausgearbeitet wurden. Sie ist gesichtslos, augenlos und wirkt in sich ruhend und entrückt. Reste einer Bemalung mit rotem Ocker sind noch erkennbar. Auch an anderen Mutterfiguren konnte man diese rote Bemalung nachweisen: Rot als Farbe des Blutes, als Symbol des Lebens.

Aus Russland stammt eine ähnliche Figur aus Kalkstein, die etwa 24 000 Jahre alt ist. Aus derselben Zeit gibt es Funde aus Lespugne (Südfrankreich), aus Dolni Vestonice (Tschechien).

---

[9] Eine Ausstellung im Löwentormuseum in Stuttgart 2001: „Urmütter der Steinzeit - Bilder weiblicher Schöpfungskraft". Dazu: Ruth Hecker, Urmütter der Steinzeit – Bilder weiblicher Schöpfungskraft, Stuttgart 2001

Die meisten Figuren wirken sehr erdgebunden, irdisch und doch zugleich „wie nicht von dieser Welt". In den Mythen vieler Völker darf das „Große Unbegreifbare" nicht mit Namen benannt werden, es trägt keine bestimmten Gesichtszüge, ist präsent und zugleich verborgen. Die oft nur angedeuteten, manchmal auf oder unter den großen Brüsten liegenden Arme und die nach unten spitz auslaufenden Beine geben den Figuren eine geschlossene Form. Sie entsprechen in der Regel kaum dem Äußeren einer individuellen Frau. Dazu kommt, dass bei vielen Naturvölkern Menschen mit körperlichen oder psychischen Auffälligkeiten eine besondere Stellung innehaben, oft als Heilende.

Ebenfalls dem Jungpaläolithikum zuzurechnen ist ein 4 cm großes Frauenköpfchen und eine Art Maske, die am selben Ort in Tschechien gefunden wurden. Dabei könnte es sich um dieselbe Person handeln, also um Gesicht und Maske, vielleicht einer Schamanin. Soll die Maske an etwas über das Individuelle Hinausgehendes anknüpfen? Soll die Maske Schutz bieten vor der äußeren Welt? Hier gibt es Augen, ähnlich bei dem Porträt einer Frau (ca. 23 000 Jahre alt), das in Südfrankreich gefunden wurde.

Kunst und Religiosität, so nimmt man an, gehören von Anfang an zusammen. Durch künstlerisches Schaffen macht der Mensch das, was ihn im Innersten bewegt, sichtbar und greifbar. Durch das Schaffen und Benutzen bedeutungsgeladener Objekte versuchte man Verbindung mit bestimmten Kräften aufzunehmen. Dass schon die prähistorischen Menschen ihre Umwelt als beseelt empfanden, lässt sich aus der Götterwelt späterer Zeit ableiten. Auch dürfte keine klare Trennung zwischen Heiligem und Profanem bestanden haben. Wie die ockerrote Bemalung könnten auch die schon bei der „Venus vom Hohle Fels" beobachteten Einkerbungen mit zyklischen Vorstellungen verknüpft sein. So würden die gelegentlich vorkommenden 13 Einkerbungen den 13 Mondphasen eines Jahres entsprechen, dem Zyklus der Frau, dem Wechsel der Jahreszeiten, der alljährlichen Wanderung der Tierherden. Die Fruchtbarkeit der Natur hat wohl in enger Verbindung zu der der Frau gestanden. Und so könnten diese kleinen Figürchen entweder um den Hals getragen worden sein wie bei der ‚Schwäbischen Venus' oder als Handschmeichler während des Geburtsvorgangs gedient haben.

Auch die beiden Figuren der kleinasiatischen Artemis aus dem Artemision in Ephesos aus dem 1. bzw. 2. Jahrhundert n.Chr. stehen in dieser jahrtausendealten Tradition. Allerdings ist sich die Forschung nicht sicher, ob es sich bei diesen Darstellungen um Brüste oder Phalli mit Hoden handelt. Der Eindruck wird allerdings verstärkt durch die Löwen an ihren Seiten und die Löwen- und Stierporträts am Kopfschmuck und auf den miteinander verschmolzenen Beinen. Dennoch muss es eine Vermutung bleiben, dass in der Gestalt der „Großen Mutter" die Pole männlich-weiblich vereinigt sind, so dass ihre Gegensätzlichkeit aufgehoben wird: Die weiblich vorgestellte Erde bringt weibliches und männliches Leben hervor.

Frauenfiguren am Ende der Eiszeit werden abstrakter (16 000 – 12 000 v.Chr.). Manchmal ist ihre Darstellung fast ganz auf die weiblichen Geschlechtsmerkmale reduziert und silhouettenhaft. Solche geritzten Zeichnungen finden sich an Höhlenwänden. Es ist vorstellbar, dass die Höhle als Abbild des weiblichen Schoßes für kultische Rituale genutzt wurde.

Felsmalereien im Latmos-Gebirge

Hierher gehören auch die prähistorischen Felsmalereien des Latmos-Gebirges in der Westtürkei. Die Felszeichnungen sind noch nicht präzise datiert worden, man stellt sie aber in den Zeitraum zwischen 10 000 und 5 000 v.Chr., wobei man den Schwerpunkt im frühen bis mittleren Chalkolithikum (6.Jt. v.Chr.) annimmt. Im Gegensatz zu den männlichen Strichfiguren ist der Körper der Frau stets im Profil wiedergegeben. Ein langer, gelegentlich nach hinten gebogener Oberkörper führt zu einem ausladenden Gesäß, das abgerundet sein kann, oval, drei- oder viereckig und trapezförmig. Entweder ist das Gesäß geschwärzt oder ornamentiert. Man sieht darin Webmuster der Kleidung, die zur Datierung benutzt wurden, da es Entsprechungen bei der Keramik von einem anatolischen Siedlungshügel, nördlich von Antalya, gibt.[10]

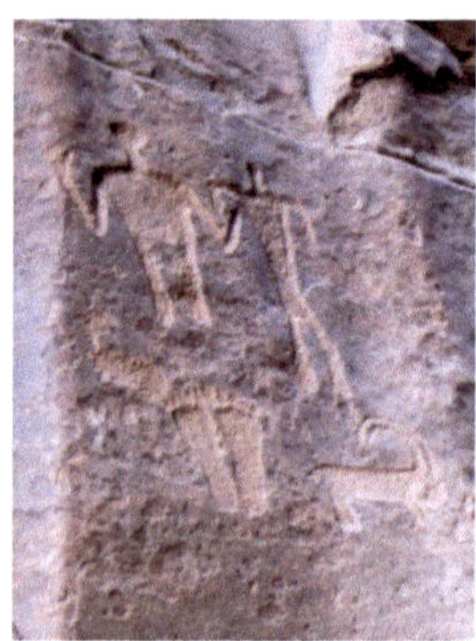

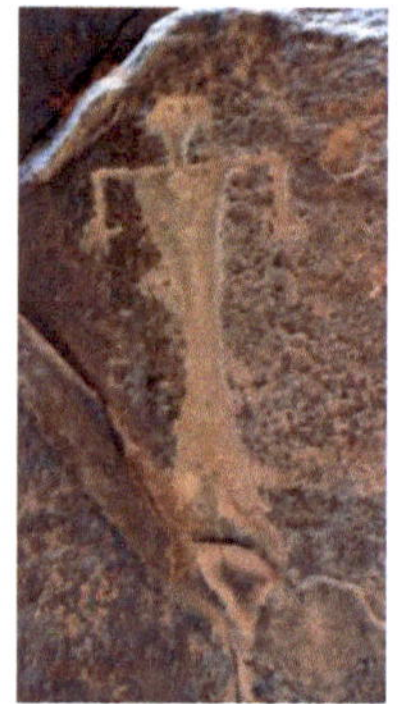

Diese nicht datierten Felszeichnungen aus Khazali Siq / Wüste im südlichen Jordanien sind den frühen Strichfiguren aus dem Latmos-Gebirge nicht unähnlich.

---

[10]Auch an den Wänden von Çatal Höyük finden sich Ornamente, die gemalte Imitationen von Wandteppichen sind und typische Kelimmuster aufweisen. Ob sie eine über das Ornamentale hinausgehende Bedeutung hatten, lässt sich heute nicht mehr klären.

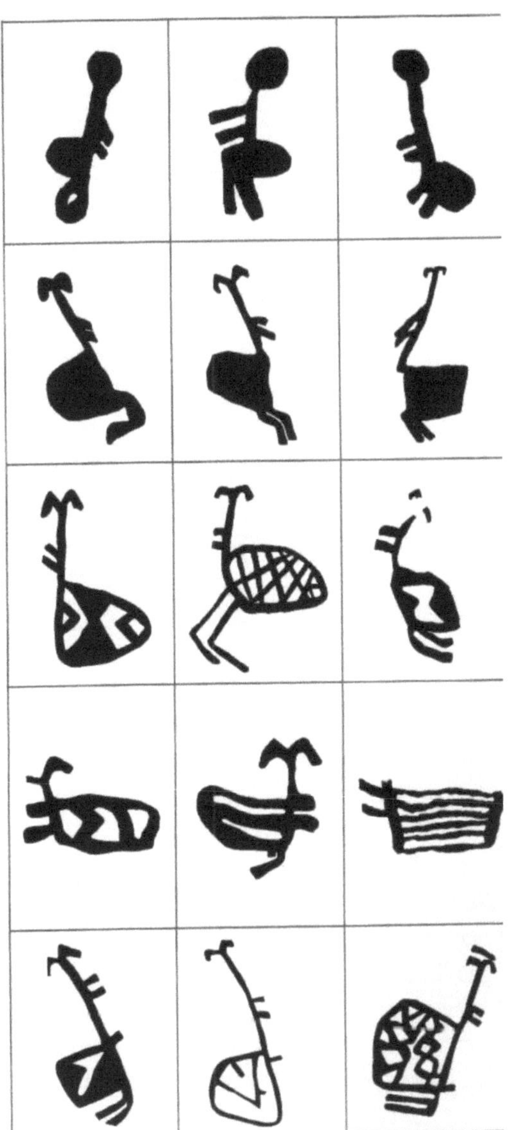

Literatur:

Anneliese Peschlow-Bindokat, Frühe Menschenbilder. Die prähistorischen Felsmalereien des Latmosgebirges (Mainz, 2003)

Nördlich von Antalya wurde u.a. eine Frauenstatue aus Ton gefunden (datiert auf 7 500 v.Chr.), die auf einem Schemel sitzt, der aus zwei gegeneinander stehenden Tieren besteht. Sie bietet ihre nährenden Brüste dar. Der Kopf ist oval. In ihn sind überproportional große Augen eingeritzt. Man vermutet, dass es sich hier um eine mythische Gestalt, eine Gottheit handelt.[11]

Die Verehrung einer Muttergottheit ist in Anatolien über viele Jahrtausende hinweg nachweisbar. Dieser Typus der „Nackten Göttin" mit dem Gestus des Brüstehaltens ist seit dem Neolithikum im Vorderen Orient und östlichen Mittelmeerraum weit verbreitet (über 7000 Jahre!). In dieser Urmutter wurde das kosmologische Weltbild der Regeneration des Lebenskreislaufs nachvollzogen. Mit Hilfe einer Urmutter-Religion und entsprechenden Kulthandlungen hat man vermutlich versucht, auf die Abläufe der Natur einzuwirken. Wahrscheinlich waren die Übergänge zwischen der Vorstellung von Ahnenwesen, Geistern und Gottheiten zunächst fließend. So gibt es in der jungsteinzeitlichen Plastik Skulpturen, die Mutter und Kind darstellen und eine Weitergabe des Lebens thematisieren. Eine Figuration von den Kykladen (Doppelidol, Paros, 2700-2400 v.Chr.) zeigt ein Kind, das auf dem Kopf der Mutter steht, was wohl als „Kopfgeburt" gedeutet werden muss und gewissermaßen abstrakt die Weitergabe des Lebens in die folgenden Generationen thematisiert. Man denkt hier natürlich sofort an den Göttervater Zeus, aus dessen Kopf die Tochter und Göttin Athene entspringt.

---

[11]Hier zeichnet sich schon eine hieratische Emblematik von Tierpaaren ab. Auch in Çatal Höyük finden wir etwa zur gleichen Zeit eine solche Figur.

Auch ein Bezug zum Tod wird angenommen. So ließen sich diese kleinen Idole auch als Beigaben bei Bestattungen denken, die die Tote auf dem Weg in eine Unterwelt begleiten sollten. [12]

Die Jungsteinzeit ist eine Epoche tiefgreifender Veränderungen. Sie wird datiert um 12 000 v.Chr. im Bereich des Fruchtbaren Halbmonds, in Mesopotamien, und ab 8000 v.Chr. in Mitteleuropa. Das Bild der Frau hat sich gewandelt: der Oberkörper wird länger, der untere Teil des Körpers ist oft verkürzt dargestellt. Der Kopf ist lang gestreckt und abstrahiert. Das Gesicht maskenhaft, nicht selten dreieckig mit hervorspringender, einem Vogelschnabel ähnelnder Nase und reptilartigen, mandelförmigen Augen, ein Mund ist häufig überhaupt nicht abgebildet. Doch beherrschen nun eindeutig die Augen das Gesicht. Die Figurinen besitzen angedeutete meist ausgestreckte Arme, ihre Brüste sind klein und kugelig oder überhaupt nicht dargestellt, die Hüften werden sehr stark betont. Die Frau wird jugendlicher, geradezu androgyn.

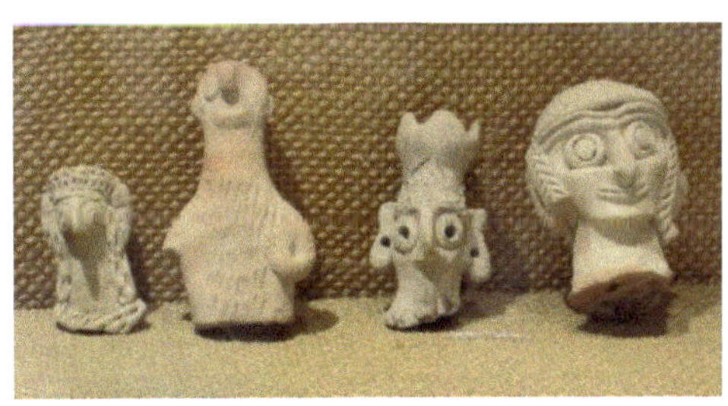

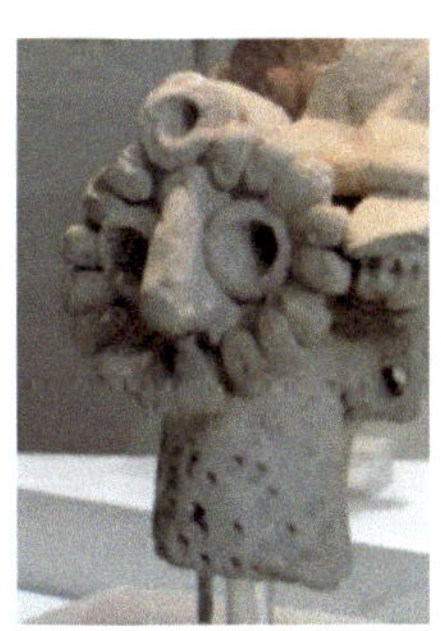

---

[12] Anneliese Peschlow-Bindokat, Frühe Menschenbilder – Die prähistorischen Felsmalereien des Latmos-Gebirges (Westtürkei) mit einem Vorwort von Harald Hauptmann und einem Beitrag von Christoph Gerber (Mainz 2003)

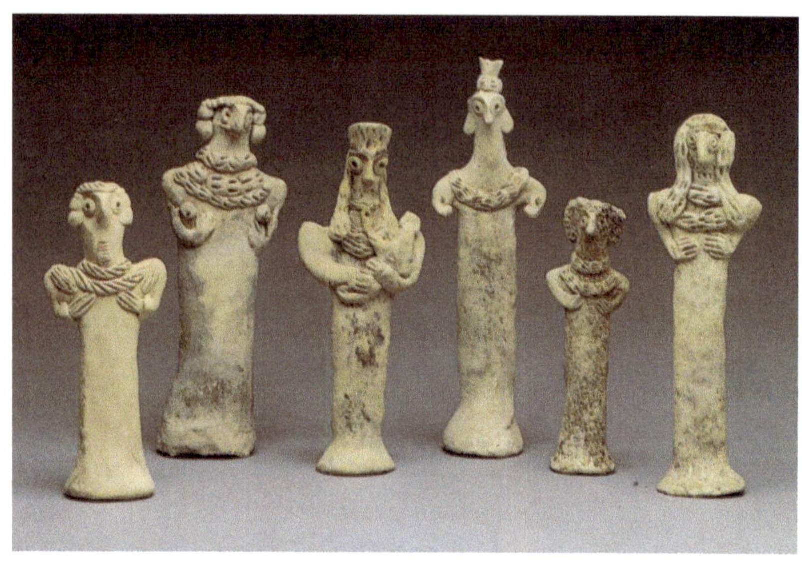

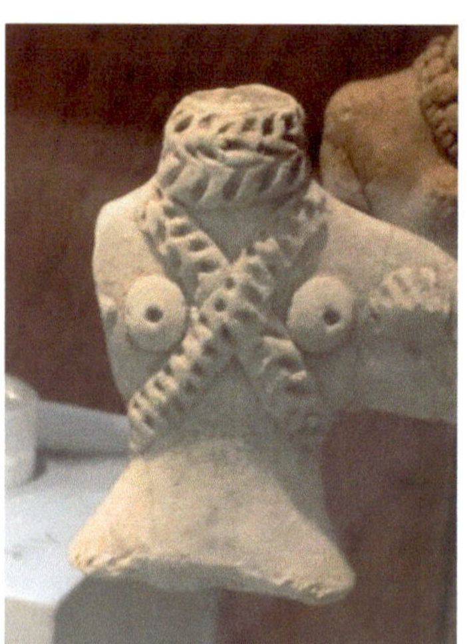

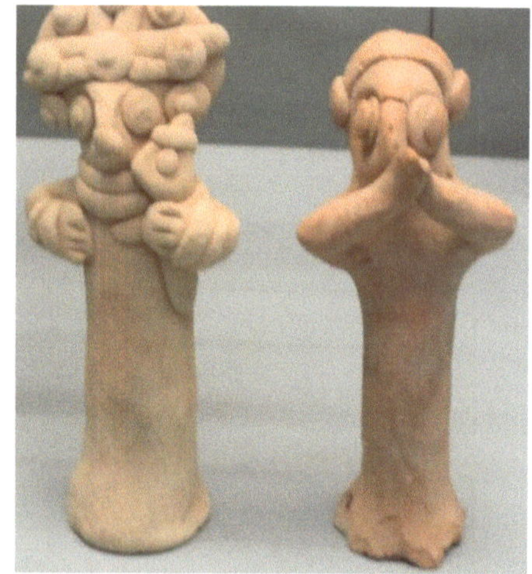

Frauen in der Form von Säulen (Nordsyrien oder Nordmesopotamien 2750-1900 v.Chr.)

Der ‚Fruchtbare Halbmond'

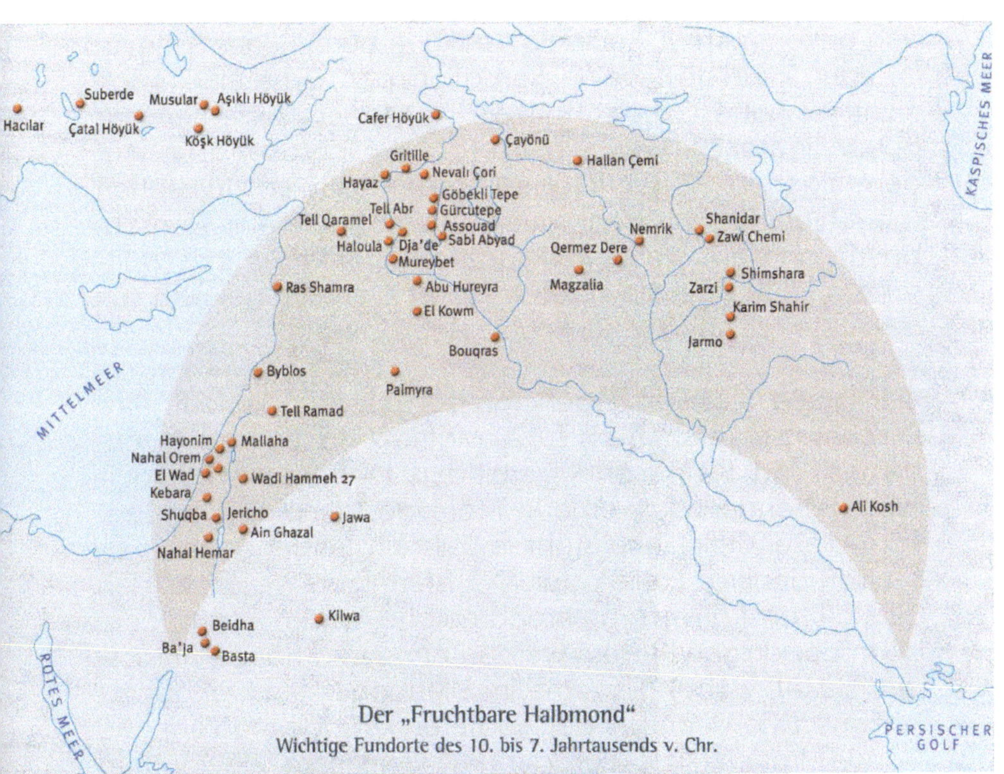

Der „Fruchtbare Halbmond"
Wichtige Fundorte des 10. bis 7. Jahrtausends v. Chr.

Graphik: DAMALS / Karl Marx

Göbekli Tepe

Göbekli Tepe gehört zur Region des „Fruchtbaren Halbmonds.

Vor 12 000 Jahren entstand in der Nähe der Stadt Sanlıurfa das Kultzentrum Göbekli Tepe (das keine Siedlung darstellt), das mindestens 2 000 Jahre Bestand hatte und aus mehreren Schichten besteht, was auch bedeutet, dass es immer wieder zu fachkundigen Zuschüttungen und Neuschöpfungen gekommen ist. Seine Entdeckung durch Klaus Schmidt im Jahr 1995 stellte eine Sensation dar. Dass eine noch nicht sesshafte Gesellschaft ein so riesiges Kultzentrum zu bauen imstande war, war bis dahin nicht denkbar. Auf dem flachen Hügel (Göbekli Tepe heißt im Türkischen ‚bauchiger Berg') steht auch heute noch ein Wunschbaum, an dem die Bevölkerung auf Stofffetzen ihre Wünsche aufhängt. In gewisser Weise ist dieser Hügel also seit der Altsteinzeit ein Ort für Rituale geblieben.

Vier große Steinkreise gehören zur ältesten Schicht. Ihre Durchmesser reichen bis zu 20 Metern. Mauern aus Bruchsteinen und Lehmmörtel verbinden tonnenschwere, aufrechtstehende, reichverzierte T-förmige Steinpfeiler. Im Zentrum dieser Steinkreise steht jeweils ein freistehendes, wesentlich höheres Pfeilerpaar. Die T-förmigen Pfeiler werden als stark abstrahierte anthropomorphe Wesen verstanden, denn bei einigen Pfeilern wurden Arme und Hände herausgearbeitet, wobei die Arme im Ellenbogen stark angewinkelt sind (wie auch bei den späteren Kykladen-Idolen). Die Hände treffen sich auf der ins Kreisinnere gewandten Bauchseite. Der T-Kopf ist manchmal in naturalistischen Proportionen gestaltet, indem die nach innen gerichtete Gesichtspartie länger ist als jene des Hinterkopfes. Allerdings gibt es nirgends geschlechtsspezifische Merkmale, auch nicht bei dem Pfeilerpaar im Zentrum des Kreises. Die Reduzierung der Körperform und die fehlende Ausgestaltung des Gesichts, das augenlos bleibt, war gewollt, da die auf anderen Pfeilern dargestellten Tierreliefs durchaus ins Detail gehen. Diese Reliefs werden von Füchsen und Löwen, Stieren, Gazellen und Wildeseln, sowie von Enten und Kranichen, aber auch von Schlangen, Spinnen und Skorpionen

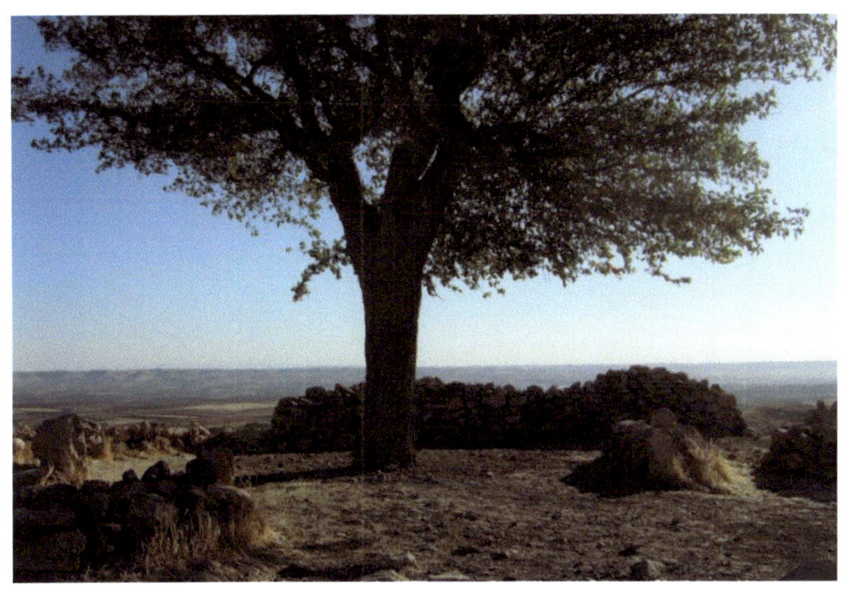

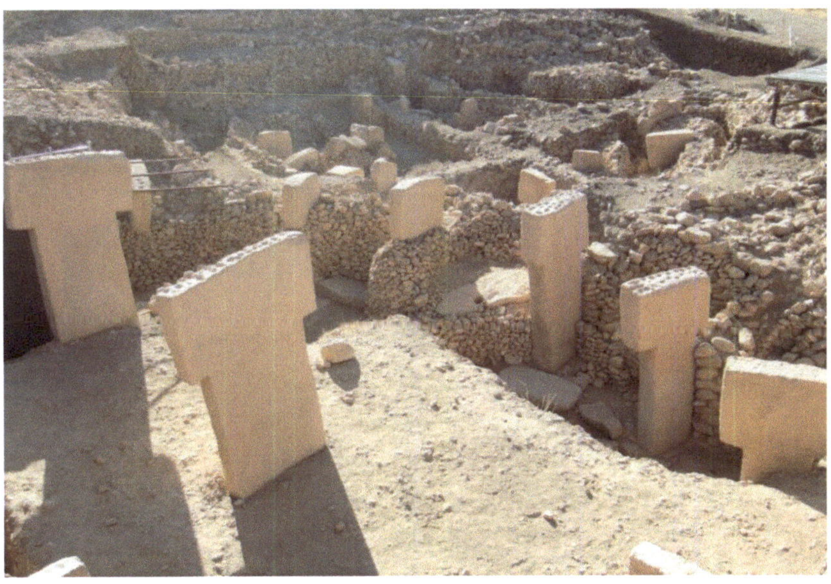

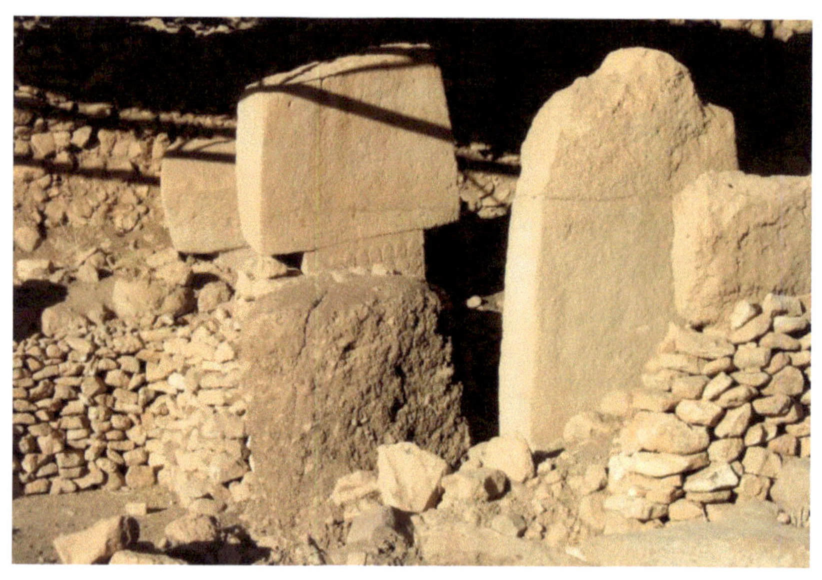

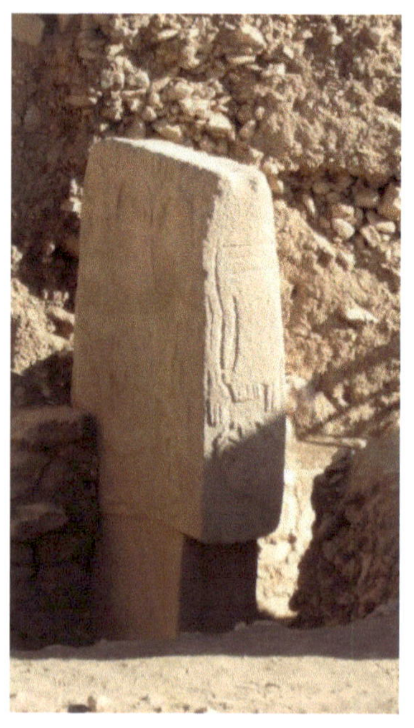

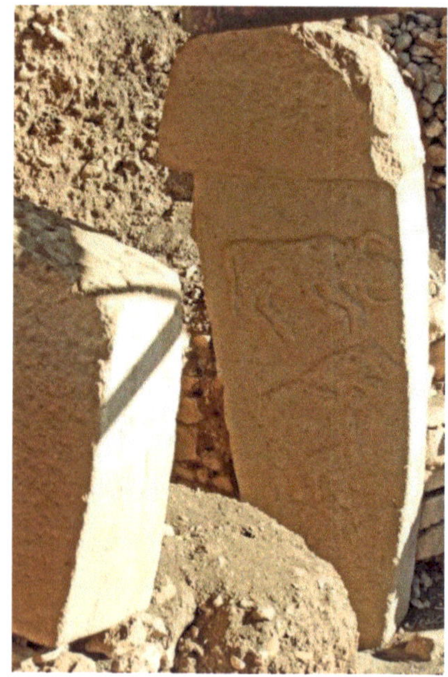

bevölkert. Im Zentrum stehen dabei auf Grund ihrer Anzahl Schlangen, Füchse und Keiler, denen Listigkeit zugeschrieben wird. Dies lässt vermuten, dass man sich in erster Linie dieser Eigenschaft versichern wollte. Tierköpfige Menschen, ähnlich wie die Löwenfigur von der Schwäbischen Alb, könnten hier Schamanen darstellen. Wie in der Grotte Chauvet werden Tiere dargestellt, die nicht eigentlich gejagt wurden.

In jüngerer Zeit haben die geplanten Stauseen am Oberlauf von Euphrat und Tigris zu Notgrabungen geführt, die u.a. auch die um 9 000 v.Chr. zu datierende Siedlung Nevalı Çori, zu Tage förderten, deren Bewohner schon sesshaft, aber zugleich auch noch Jäger waren. Die Entdeckung ist wichtig insofern, als die Siedlung in der Spätphase von Göbekli Tepe einen Bezugsort zu der Kultstätte darstellt und auch zu einer anderen, Karahan Tepe, die ebenfalls T-Pfeiler aufweist.

Im Zusammenhang mit den Ausgrabungen von Göbekli Tepe konnte man eine menschliche Figur, die in Şanlıurfa 1973 in vier Teile geteilt gefunden wurde, als bisher älteste, vollständig erhaltene, lebensgroße menschliche Skulptur ins 9. Jahrtausend v.Chr. datieren.

Literatur:
Menschen und Götter in Anatolien. Die Neolithische Revolution: Grundlage der modernen Zivilisation in DAMALS Heft 2, 2007. Insbesondere für Göbekli Tepe: Dr. Klaus Schmidt, „Heiligtum der Jäger und Sammler“
Klaus Schmidt, Sie bauten die ersten Tempel. Das rätselhafte Heiligtum der Steinzeitjäger. Die archäologische Entdeckung am Göbekli Tepe (München 2006)

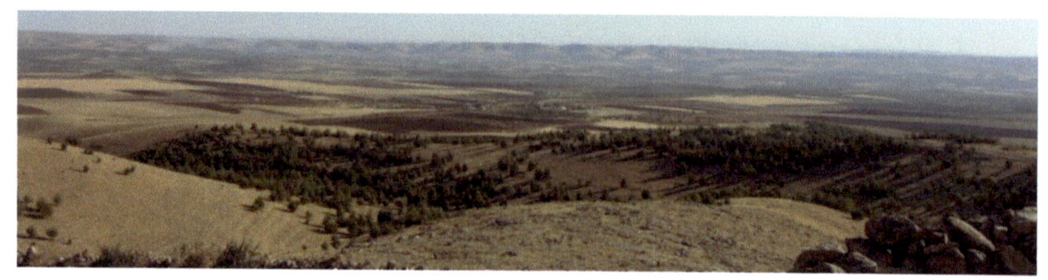

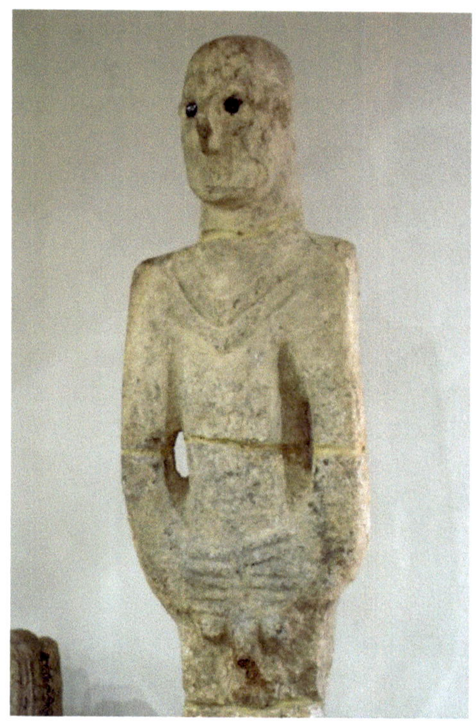

Älteste, vollständig erhaltene, lebensgroße menschliche Skulptur (9. Jahrtausend v.Chr.

Çatal Höyük

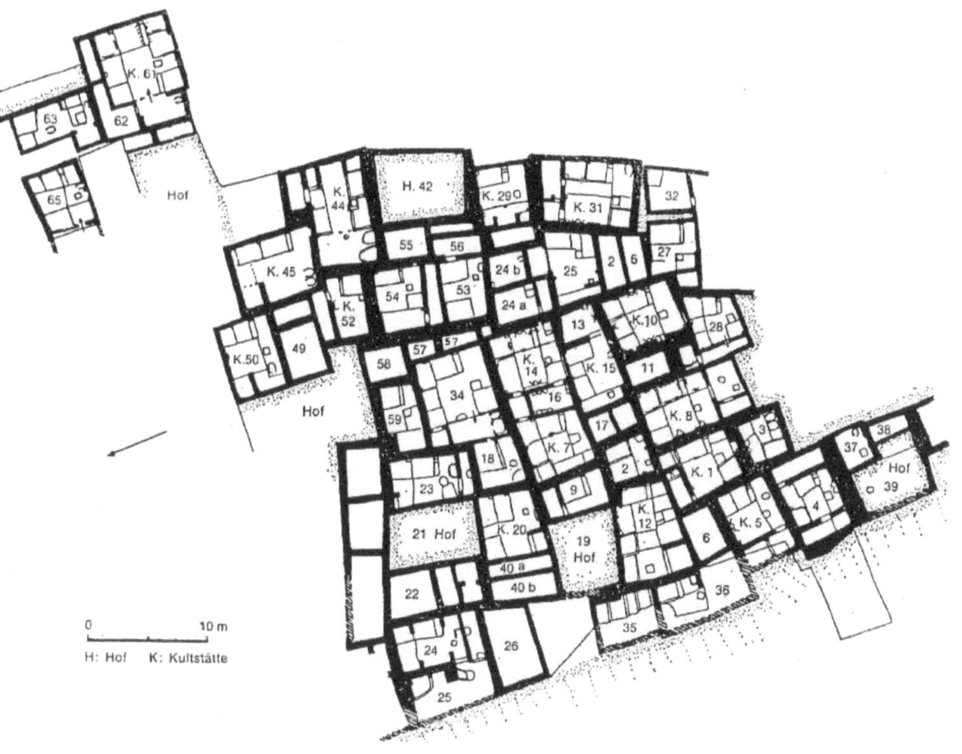

6 Çatal Höyük, Gebäudegrundrisse der Grabungsschicht VI b, Zeichnung nach James Mellaart

Literatur:
Heinrich Klotz, Die Entdeckung von Çatal Höyük. Der archäologische Jahrhundertfund. (München, 1997)

Wahrscheinlich um 7 000 v.Chr. entstand die Stadt Çatal Höyük in Anatolien. Sie war bis 5 700 v.Chr. besiedelt. Ihre Ruinen haben sich unter einem 17 Meter hohen Hügel erhalten. Die Ausgrabungen wurden von James Mellaart in den Jahren 1961 bis 1963 begonnen und von Ian Hodder 1995 fortgesetzt. Çatal Höyük ist nicht wegen seiner Einwohnerzahl, nämlich bis zu 10 000, wichtig, sondern wegen des einzigartigen Kulturniveaus. Sie war eine der ersten bekannten komplexen Stadtkulturen. Mesopotamien und Ägypten entwickelten sich erst später zu Hochkulturen. Hunderte von gleichförmigen Rechteckhäusern mit einem Grundriss von durchschnittlich 6 x 4,5 Meter grenzten Wand an Wand aneinander. [13]

Der gesamte Verkehr lief über die flachen Dächer, die ein Geschiebe von vielfältig versetzten Ebenen bildeten. Durch Dachluken stiegen die Bewohner über Leitern in ihr Haus. Auf diese Weise war die Stadt vor wilden Tieren oder Angreifern geschützt. Das erinnert auch an die Dachlandschaften von Oasen der Sahara, überhaupt des Orients. Es gab nur diesen einen Bautyp, der aus luftgetrockneten Ziegeln errichtet wurde. Innerhalb der Wände war, unabhängig von der Außenmauer, eine Holzstruktur errichtet, die die Dachbalken trug. Die schmale Dachzone ist etwas eingerückt, so dass Fensterluken entstanden, die Licht in das Innere des Hauses hineinließen. Es handelt sich also um eine

---

[13] Rechteckhäuser waren eine relativ neue Entwicklung im 7. Jahrtausend. Auch im frühen Jericho und in Chirokitia auf Zypern handelt es sich noch um Rundhäuser, die noch immer an Rundhütten erinnern, wie sie als Leichtbauten aus Ästen, Zweigen und Laub seit Urzeiten errichtet wurden. Cf. DAMALS 2007,2: „Von rund zu eckig. Die Gebäudetypen von Çatal Höyük" / Dipl. Ing. Werner Schnuchel

Hybridkonstruktion. Die Wände wurden jedes Jahr mit Kalk bestrichen, so dass sie etwa 1000 Jahre Bestand hatten. Wurde das Haus baufällig, so brannte man es ab, schüttete es zu und baute darauf ein neues. Auf diese Weise wuchs der Siedlungshügel, der nach außen flacher wurde. Der Grundriss von Çatal Höyük, wie er auf einer Wand des Hauses aus der Zeit um 6200 v.Chr. abgebildet ist, beweist, dass es Absprachen zwischen den Bewohnern bezüglich des Bauens gegeben haben muss. Eine ordnende Absicht lässt sich nicht übersehen, denn innerhalb des dichten Gefüges der Häuser werden Fluchtlinien erkennbar, die einzelne Häuser verbinden. Der an die Wand gemalte Grundriss beweist ein hochentwickeltes Abstraktionsvermögen, zumal er auch noch die Silhouette des etwa 140 Kilometer entfernten Vulkans Hasan Dağ einzeichnet. Der dort gefundene Obsidian war als Handelsgut für die Stadt von Bedeutung.

Die Häuser von Çatal Höyük waren im Innern durch Lehmpodeste gegliedert. Sie waren die Schlafstätten der Bewohner, die des Mannes kleiner, die größere für die Frau und die Kinder. Unter diesen Lehmplattformen wurden aber auch die Toten beigesetzt. Als Letzter in der Reihe der Generationen ruhte der Lebende über den Toten. Auf diese Weise wurde die Zusammengehörigkeit von Leben und Tod ausgedrückt. Bevor es aber zu einer Bestattung kam, wurde der Leichnam im Freien ausgesetzt und von Geiern skelettiert. Wandmalereien in zwei Heiligtümern, die baulich nicht hervorgehoben waren vor den Wohnhäusern, zeigen riesige rotfarbene Geier mit einer Flügelspannweite von etwa anderthalb Metern (die auch dem tatsächlichen Maß entspricht) wie sie auf kleine Strichfiguren ohne Kopf herabstoßen. Die Leichname wurden dann in hockender oder ausgestreckter Haltung bestattet. Ähnliche Bestattungen fanden bis in die Neuzeit im Iran als Teil der Religion des Zarathustra, des Zoroastrismus, bzw. Parsismus, statt. In dieser monotheistischen Religion wurden die Toten auf den ‚Türmen des Schweigens' (Dakhma) den Vögeln zum Fraß ausgesetzt.[14]

Besondere Kulträume in Çatal Höyük waren mit Wandmalereien und Plastiken ausgestattet. Es gab die altsteinzeitliche Höhlenmalerei und die kleinen Figürchen, aber eine künstlerische Ausstattung der Architektur mit großformatigen Plastiken und Reliefs wie in Çatal Höyük war bisher noch nicht entdeckt worden. Ornamentformen und dominierende Symbole wiederholen sich, werden aber in unterschiedliche Zusammenhänge gebracht. Es gibt keine feste Typologie und kein Einheitsprogramm. Dennoch sind zwei Themen beherrschend: die Muttergottheit als Gebärende und der Stier. Letzterer ist entweder als gemaltes, ganzfiguriges Jagdtier, als monumentaler, in Lehm gehüllter und bemalter Stierkopf oder als ausgreifendes Gehörn anwesend. Es bestehen kaum Zweifel daran, dass die Gebärende das weibliche, der Stier das männliche Prinzip darstellt. Im Nationalmuseum in Ankara ist ein solcher Raum rekonstruiert. Die Muttergöttin hockt mit weit geöffneten Beinen als fast lebensgroßes Reliefmonument unter einem eigenen Giebel, der über das Hausdach hinausragt. Direkt unter ihr auf der Wand sind drei große Stierköpfe angebracht, so dass der Eindruck entsteht, als seien sie soeben von der Göttin geboren worden. Die Geburt des Stiers aus dem Leib der schwangeren Muttergöttin ist kein Einzelfall. Der Stier wird so zum Kind der Frau. Die Gegensätzlichkeit und das Miteinander der Geschlechter war offenbar Hauptinhalt dieser Religion und bestimmte die in der Gesellschaft akzeptierten Wertvorstellungen.

---

[14] „Leichen, Schädel und Knochen. Totenrituale im jungsteinzeitlichen Anatolien." / Dr. Clemens Lichter

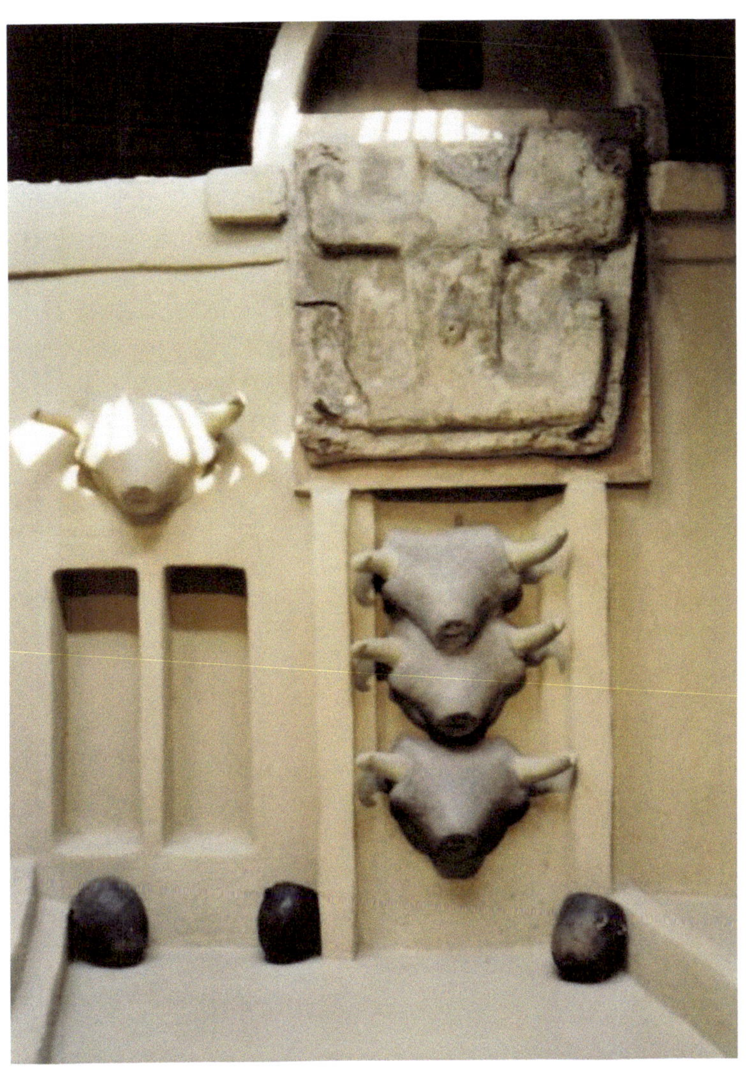

Im Museum in Ankara gibt es auch eine dieser kleinen Urmutter-Göttinnen (20cm hoch), die auf einem Leopardenthron sitzt (5 750 v.Chr.). Leoparden kommen auch in einem Großrelief als Tierpaar vor. Hier zeichnet sich schon eine Entwicklung ab, die eine Tradition hieratischer Tierpaare über die Löwentore von Mykene und Hattuşa bis zu unseren staatstragenden Wappen einleitet. Schon in Çatal Höyük hat man ein recht abstrakt wirkendes Relief mit Doppelleoparden entdeckt. In Hattuşa schmückten seit dem 14. Jahrhundert v.Chr. zwei Sphingen aus Kalkstein den Eingang zur Metropole. 1915 war eine dieser Figuren zur Restauration nach Berlin geschickt worden. Im November 2011 wurde sie zurückgegeben. Auch diese Figur hat auffällig hervorgehobene Augen.

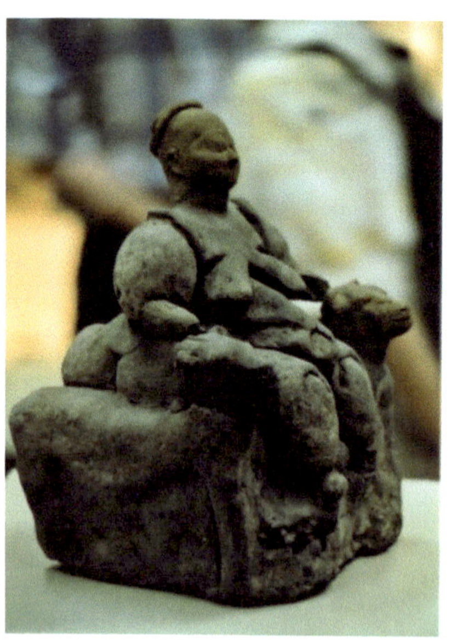

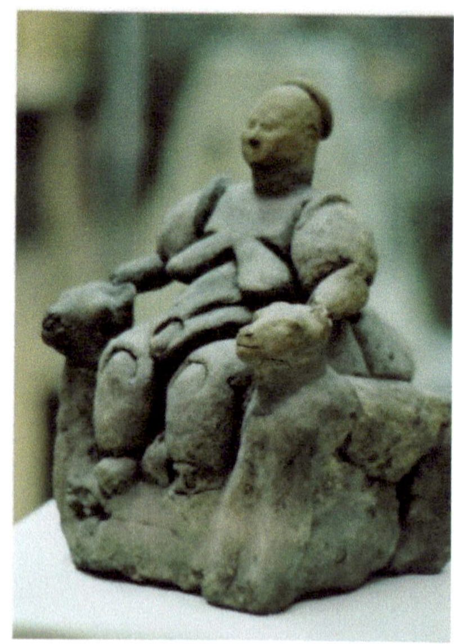

Im selben Museum ausgestellt ist eine nur 4 cm große kopflose „Venus" mit Bemalung, die man mit der sehr viel älteren „Venus vom Hohle Fels" (38 000 v.Chr.) und der „Venus von Willendorf" (28 000 v.Chr.) vergleichen könnte. Die beiden Figuren aus Çatal Höyük stammen aus der Zeit um 6000 v.Chr.

Literatur:
Heinrich Klotz, Die Entdeckung von Çatal Höyük. Der archäologische Jahrhundertfund (München 1997)
Menschen und Götter in Anatolien. Die Neolithische Revolution: Grundlage der modernen Zivilisation in DAMALS Heft 2, 2007, insbesondere für Çatal Höyük: „Kultureller Wandel und seine Symbole" / Dr. Marlene P. Hiller

Museum für Anatolische Zivilisation in Ankara

Es fällt auf, dass die Figuren aus dem 6. Jahrtausend v.Chr. sich schon durch übergroße ovale Augen auszeichnen, während andere Details nur angedeutet werden. Beispiele hierfür sind der Teil einer Göttinnenstatue aus gebranntem Ton, 5,3 cm hoch, die Statue einer Muttergöttin mit Kind aus gebranntem Ton, 8,3 cm hoch, und eine weitere Statue einer Göttin aus gebranntem Ton, 24 cm hoch. Alle drei Funde stammen aus Hacılar.

Ein anderes Thema sind Gefäße in Form von Köpfen mit Augenbetonung, die eine Muttergöttin darstellen. Diese Gefäße waren offenbar in Anatolien sehr verbreitet. Aus Hacılar, wie die Figurinen, stammt ein solches Gefäß aus gebranntem Ton in Form eines Frauenkopfes, 11,1 cm hoch, datiert auf das 6. Jahrtausend v.Chr. Auch im 3. Jahrtausend v.Chr. gab es Töpfe mit einem menschlichen Gesicht, 28cm hoch aus gebranntem Ton aus Karataş-Semayük. Noch aus dem 2. Jahrtausend v.Chr. gibt es Beispiele.[15]

Stilisierte Frauenfigürchen, die den noch zu besprechenden Idolen der Kykladen verwandt sind, finden sich auch in der zweiten Hälfte des 3. Jahrhunderts v.Chr. in Anatolien, so in Alacahöyük.

Literatur:
Revolution im Paradies. Vor 12 000 Jahren in Anatolien. In: DAMALS. Das Magazin für Geschichte und Kultur. Leinfelden-Echterdingen 2007, Heft 2.

Das Zweistromland

Um 2000 v.Chr. zerfiel Mesopotamien in kleinere Stadtstaaten. Unter ihnen erlangte Babylon eine Vorrangstellung, ganz besonders unter seinem König Hammurabi (1792-1750 v.Chr.). Dieser König besiegte in einer Reihe militärischer Operationen den König von Elam im Südwesten des Iran. Danach wandte er sich nach Norden, wo er die Stadt Mari besiegte (heute Teil von Syrien). Auf diese Weise wurde Babylon zum politischen, kulturellen und religiösen Zentrum. Keilschrifttafeln bezeugen, dass diese Periode eine große kulturelle Blüte hervorbrachte, was die Entwicklung der Landwirtschaft und des Handels betraf, aber auch der Literatur und der Wissenschaften. Nach dem Tod Hammurabis zerfiel das Reich in einzelne Teile. Die Stadt Babylon selber

[15] Vergleiche hierzu: das Kapitel: Gesichtsdarstellungen auf Gefäßen. Es handelt sich um eine Art der Darstellung, die vom Neolithikum bis in die Moderne zu verfolgen ist.

aber blieb bedeutend, bis sie 1595 v.Chr. von den Hethitern eingenommen wurde.

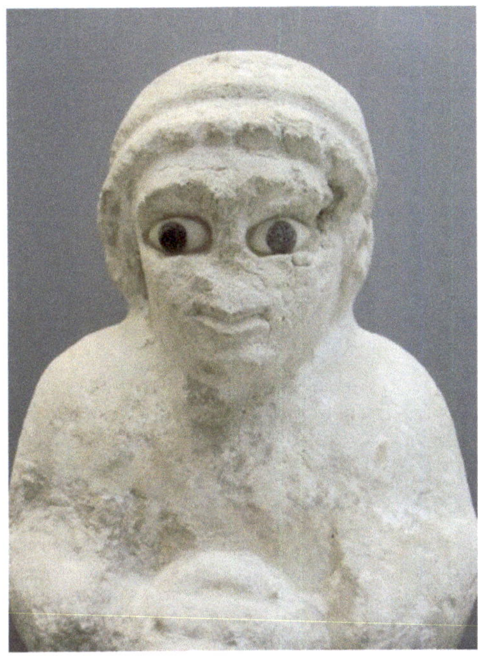

Kalksteinstatue aus Ur (ca. 1750 v.Chr.)

Aber im 9. Jahrhundert gelangen den Assyrern unter Ashunasirpal II. (883-859) und Shalmaneser III (858-824 v.Chr.) militärische Siege, was durch Inschriften an Monumenten bestätigt wird. Die Stadl Nimrud wird zur Hauptstadt des neuen Assyrischen Reiches (900 – 700 v.Chr.). Im 9. Jahrhundert hatten die Assyrer einen Widersacher im Königreich von Urartu in der Gegend um den Berg Ararat und den Vansee (heute gehört der Norden zum Iran, der Osten zur Türkei und zu Armenien). Nimrud und andere assyrische Städte wurden 612 v.Chr. durch die Babylonier aus dem Süden und die Meder aus dem Westen des Iran zerstört.

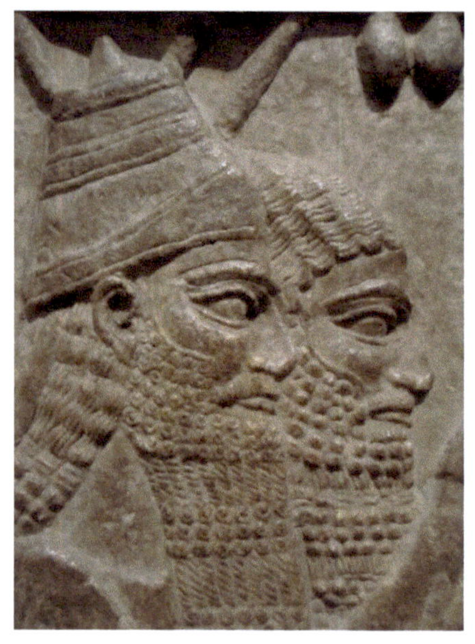

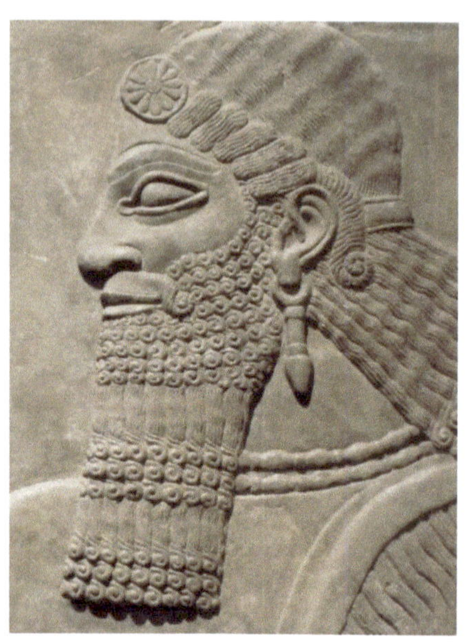

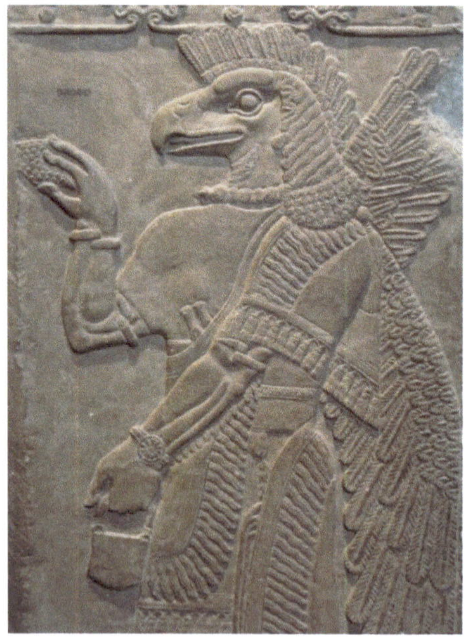

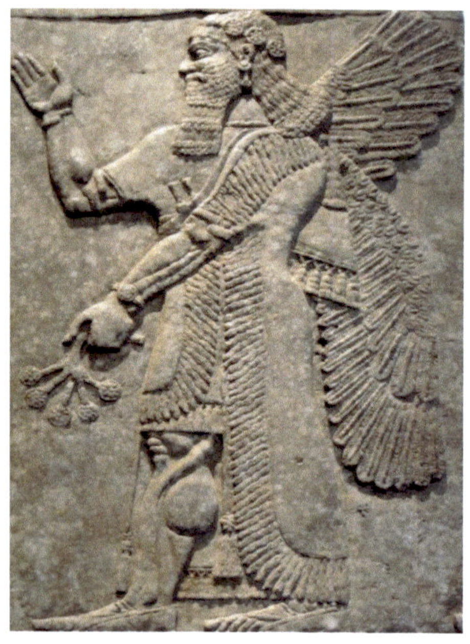

Anthropomorphe geflügelte Gestalten, auch hybride Figuren mit Vogelköpfen etwa erscheinen nun als Schutzgeister auf Reliefs. Sie sind im Profil dargestellt, wobei das Auge frontal gesehen wird und somit der Stellung am Kopf der Vögel entspricht. Hierzu wären die adlerköpfigen Schutzgeister aus Nimrud heranzuziehen.

Die Reihung ist ähnlich wie in Ägypten eine Zurschaustellung der Macht, auch Gefangennahme und Tötung haben diese Funktion und entsprechen nicht unbedingt einer besonderen Grausamkeit.

Ein bärtiger Merkur aus dem Parthertempel zeigt den römischen Götterboten und Gott der Kaufleute mit Flügeln an den Füßen. Doch entspricht seine Darstellung nicht der klassischen Vorlage. Der Bart, die riesigen Augen und das Diadem verweisen auf regionale Vorstellungen.

Syrien

Wir sind jetzt nicht mehr in erster Linie allein mit den großen Augenblicken der Menschheit befasst, sondern mit Syrien beginnt der Augen-Blick ganz konkret zu werden. Frühe Menschen des Nahen Ostens schufen Skulpturen, deren Gesichter von ihren Augen beherrscht wurden, manchmal geradezu aus Augen bestanden.[16]

---

[16] Frank Rainer Scheck, Johannes Odenthal, Syrien. Hochkulturen zwischen Mittelmeer und Arabischer Wüste (Köln [2]2001), besonders S.32, 67,271ff., 365

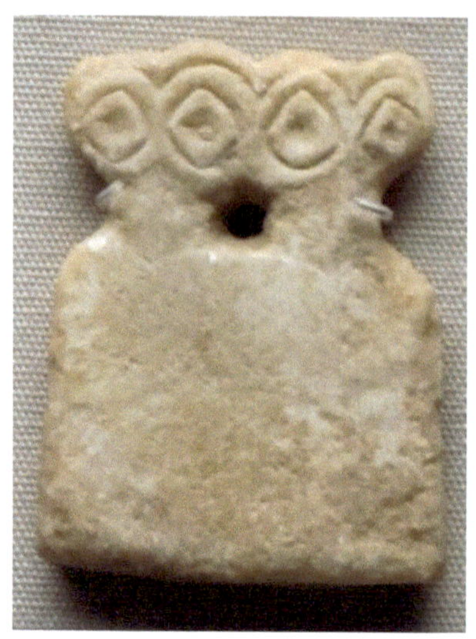

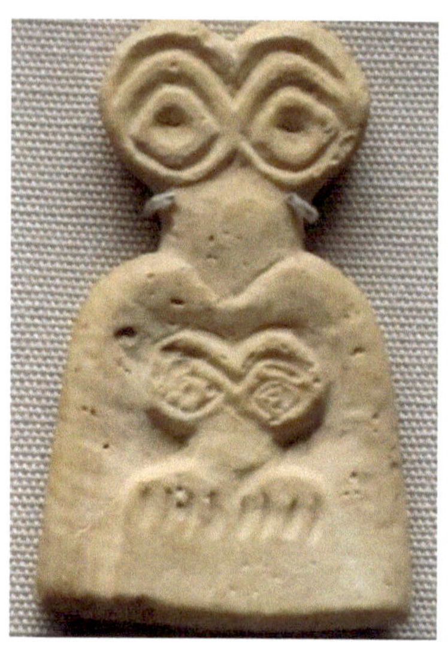

Augen-Idole: Votivgaben aus dem Tempel von Tell Braq
(3500 – 3000 v.Chr.)

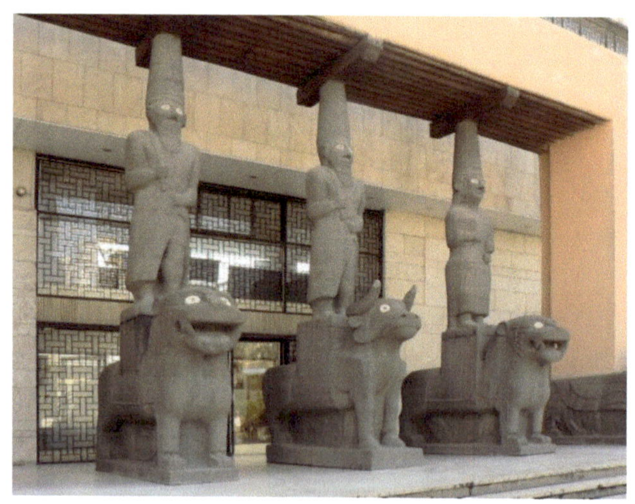

Rekonstruktion des Tempeleingangs von Tell Halaf
Aleppo Nationalmuseum

Eine Rekonstruktion des Tempeleingangs von Tell Halaf, dem alten Guzana in Syrien aus dem 9./8.Jh.v.Chr. bildet heute das Museumsportal von Aleppo. Hier stehen auf drei der fünf riesigen Fabelwesen Götterfiguren aus schwarzem Basalt, so dass die Augen jeweils weiß ausgelegt mit schwarzer Pupille, regelrecht aufleuchten. Es sind Kopien der Wächterfiguren, die einst vor dem Palast von Tell Halaf standen. Diese übergroßen Figuren wirken furchteinflößend und sind apotropäisch gemeint. Die Originale gingen im Bombenhagel des Zweiten Weltkriegs in Berlin verloren. Eine solche Darstellung der auf Löwen oder Stieren stehenden Götter gehört zum Grundbestand altorientalischer Kunst und findet sich auch bei den Hethitern und Assyrern. Das gilt für das Sphingenrelief von Ain Dara, für das Felsheiligtum von Yazılıkaya in der Nähe von Hattuşa.

Ein frühes Beispiel für die Fokussierung auf die Augen ist der berühmte Augentempel von Tell Braq (ca.3 500 – 3 300 v.Chr.) im fruchtbaren Nordosten Syriens, ca. 80 km östlich von Tell Halaf, wo sowohl die Türkei, als auch der Irak nicht weit entfernt sind. Der Tempel entspricht älteren Heiligtümern im syrisch-irakischen Grenzraum, folgt aber nicht dem Muster sumerischer Anlagen. Er war offenbar einer eigenen, nur hier verehrten Gottheit geweiht. Max Mallowan, Agatha Christies zweiter Ehemann, war in den 1930er Jahren der Ausgräber von über 300 ‚Augenidolen'. Diese kleinen Figürchen (etwa 5 cm groß) wurden im Eingangsbereich des Tempels gefunden und sind aus weißem Alabaster. Das manchmal herzförmige Gesicht besteht eigentlich nur aus zwei von dicken Liderwülsten umgebenen Augen. Auch hier gibt es Mutter-Kind-Darstellungen, wobei beim Kind dieselbe Augengestaltung zu beobachten ist, es ist nur etwas kleiner und vor dem Bauch der Mutter, so dass eine Symmetrie festzustellen ist. Es handelt sich hier wahrscheinlich um Votivgaben. Seit Tell Braq ist die übermäßige Hervorhebung der Augen, die die Aufnahme eines Kontaktes zwischen Mensch und Gottheit signalisiert haben mag, das Charakteristikum der syrischen Kunst. Dies wird, zwar weniger extrem, noch viel später in Palmyra deutlich.

Die Alabasterfigurinen, die im Nationalmuseum von Aleppo gezeigt werden, deuten die Körper der dargestellten Personen nur an, heben dafür in extremer Weise die Augen mitsamt den Brauen hervor. Die intensive Ausarbeitung der Augen könnte ebenso gut auf eine transzendente Gottesschau verweisen, in der sich die starrende Großäugigkeit der späteren, sehr viel naturalistischer aufgefassten Beterstatuen ankündigt. Man vermutet in diesen Gestalten naturalistische Nachfolger der Augenidole vom Tell Braq.

Während der ersten Hälfte des 3. Jahrtausends war Mari, im Südosten Syriens am Euphrat gelegen, ein Vorposten der Kultur Mesopotamiens, die ab Mitte des 3. Jahrtausends nach Nordsyrien ausgriff. Hier wurde der Einfluss des Zweistromlands rasch sichtbar.[17] Die Beterfigur aus dem Abu-Tempel vom Tell Asmar, dem alten Eschunna im Irak (um 2800 v.Chr.) gehört zu den in mesopotamischen Tempeln häufig gefundenen und oftmals mit einer Inschrift versehenen Figuren mit übergroßen Augen. Sie drücken den innigen Wunsch ihrer Stifter aus, Gott beständig schauen zu dürfen.

Einige Werke wie das Sitzbild des Sängers Urnansche, die Beterfigur des Nani, die Statue des Königs Lamgi-Mari oder des Iku-Schamaga, eines der Könige von Mari (2100 v. Chr.) mit dem charakteristischen Zottenrock in Beterhaltung

---

[17] Silvia Schroer / Thomas Staubli: Die Köpersymbolik der Bibel (Darmstadt [2]2005), Abb. S.91

sind im späten 3. Jahrtausend v.Chr. entstanden und finden sich heute ebenfalls im Museum von Aleppo. Für diese Figuren sind die Zottenröcke charakteristisch, die wie Federkleider wirken. Geradezu umwerfend aber sind die großen, weit geöffneten Lapislazuli-Augen, welche in eine jenseitige Welt zu blicken scheinen. Zu diesen Meisterwerken gehört auch eine wasserspendende Göttin von Mari, eine fast lebensgroßen Steinskulptur aus dem 18. Jahrhundert v. Chr..

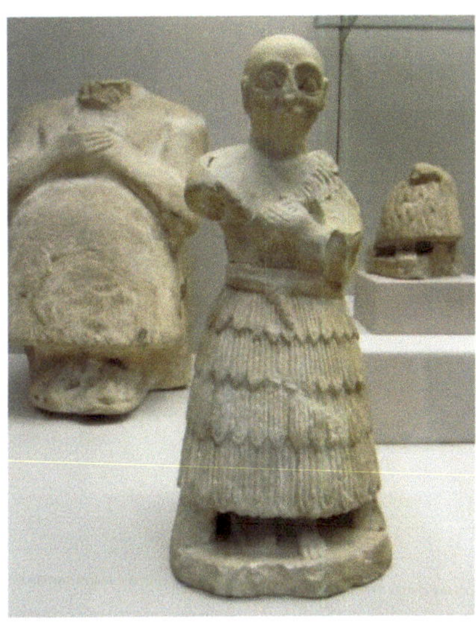

Gipsstatue eines Mannes mit Federrock (Syrien 2500 v.Chr.).

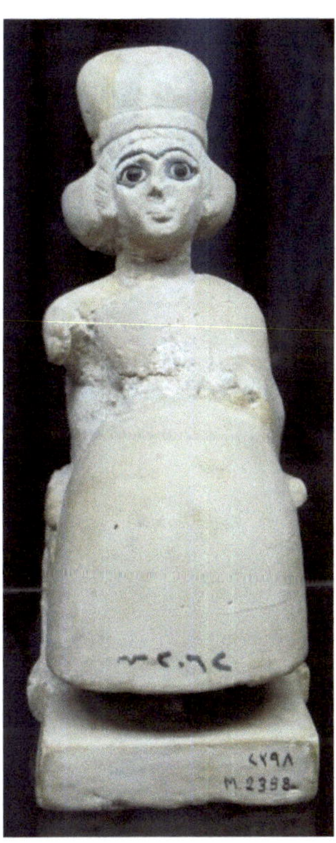

Dahinter wird eine aus einem Kubus gebaute Hockerfigur sichtbar, wie sie in Ägypten häufig anzutreffen ist, insbesondere, wenn ein Schreiber dargestellt wird. Es gab schon früh einen ausgedehnten kulturellen Austausch.

Sitzbild des Sängers Urnansche

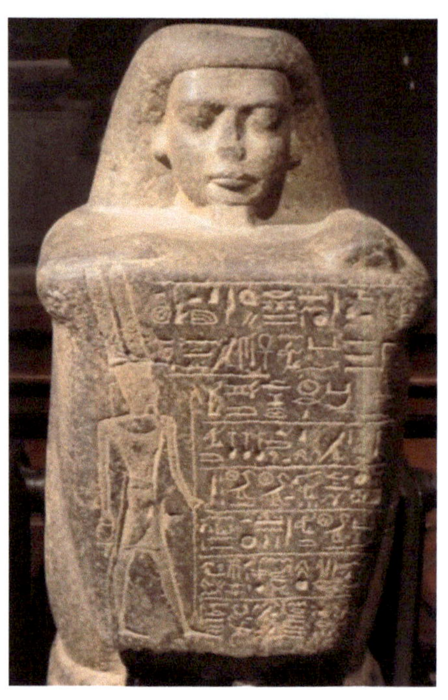

Altägyptische Figur in Hockstellung

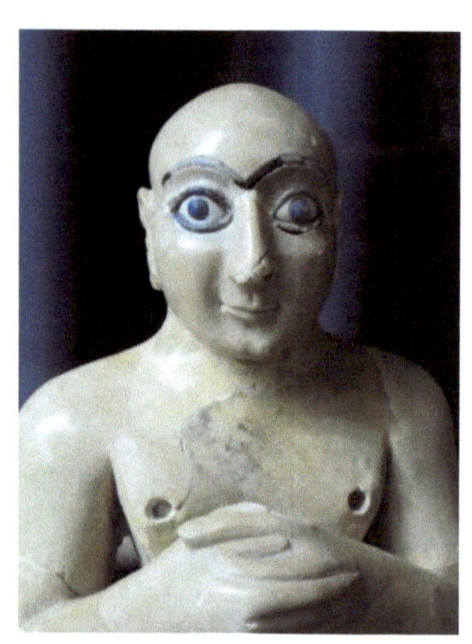

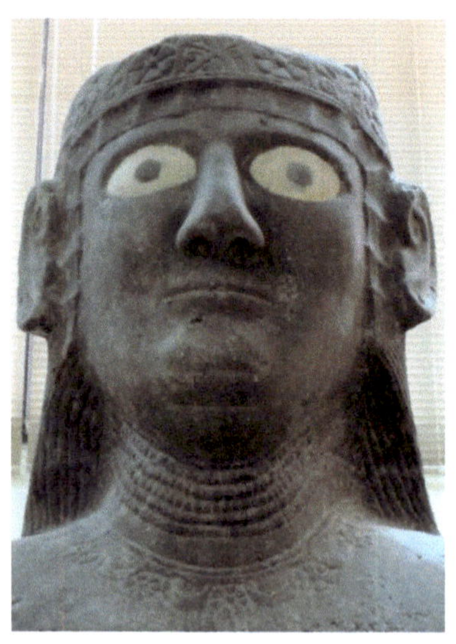

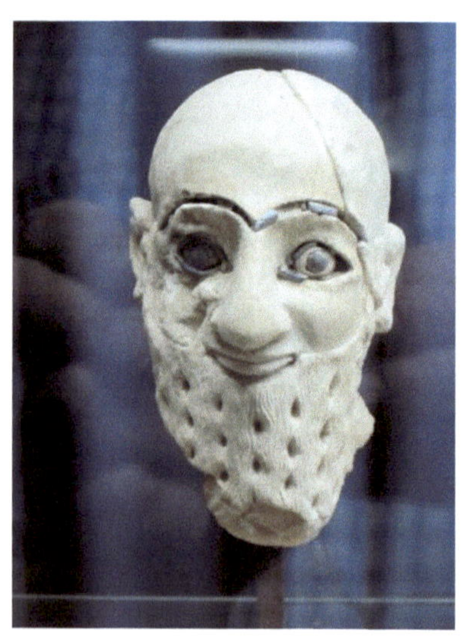

Im Ninni-zaza-Tempel in Mari wurden zahlreiche Statuetten aus der Mitte des 3. Jahrtausend v.Chr. gefunden, die als Ahnenfiguren gedient haben dürften (Nationalmuseum Damaskus). Man spricht auch von Beterstatuen. Weiße, blau umrandete Augen haben große blaue Pupillen.

Figurinen auf Pfeilerbasis, bzw. in der Form von Säulen (Nordsyrien oder Nordmesopotamien 2750-1900 v.Chr.) haben einen eigenartigen Haarschmuck, Knopfaugen und eine Art Schal um den Hals. Häufig sind auch Nasen in der Form von Vogelschnäbeln. (Abbildung auf S.30)

Ein altsyrische Rollsiegel (ca. 1750 v.Chr.) zeigt wie bei den Ägyptern das Gesicht im Profil, bei voller Zeichnung des Auges, der Körper dagegen wird frontal dargestellt, die Füße werden wieder von der Seite gesehen.[18]

Syrien - Qatna

Qatna liegt 18km nordöstlich der mittelsyrischen Stadt Homs. Sie hat als Kreuzung von Handelsrouten und als Königsresidenz eine nicht unbedeutende Rolle gespielt. Seine politische Bedeutung im Hinblick auf Mesopotamien, das Hethiterreich und Ägypten ist auf Keilschrifttafeln überliefert. Der Höhepunkt lag im 2. Jahrtausend v.Chr.

Dass gerade Ägypten auf die Kunst des Nahen Ostens Einfluss genommen hat, beweisen Ahnenkultbilder, die die aus dem Kubus entwickelte Hockstellung ägyptischer Schreiber aus dem Alten Reich angenommen haben.

---

[18] Silvia Schroer / Thomas Staubli: Die Köpersymbolik der Bibel, a.a.O., S.85ff.

Bei den Ausgrabungen von Qatna hat man zwei besonders sorgfältig gearbeitete sitzende Statuen in der Vorkammer der Königsgruft gefunden. Sie können ins 18./17. Jahrhundert v.Chr. datiert werden und wurden als königliche Ahnen bis zum Niedergang des Palastes um 1340 v.Chr. verehrt (Nationalmuseum Homs). Die beiden Figuren sind annähernd identisch und sitzen auf niedrigen Hockern. Sie halten Schalen in Händen, die als Aufforderung zu Opfergaben in Form von Lebensmitteln interpretiert werden. Sie symbolisieren in ihrer Verdoppelung und Gleichartigkeit die königlichen Vorfahren allgemein, nicht etwa Individuen. In unserem Zusammenhang von Bedeutung ist, dass sich bei einer der beiden Figuren die Augeneinlagen erhalten haben. Sie sind aus hellem Kalkstein und kontrastieren so auffallend mit dem dunklen Basalt.

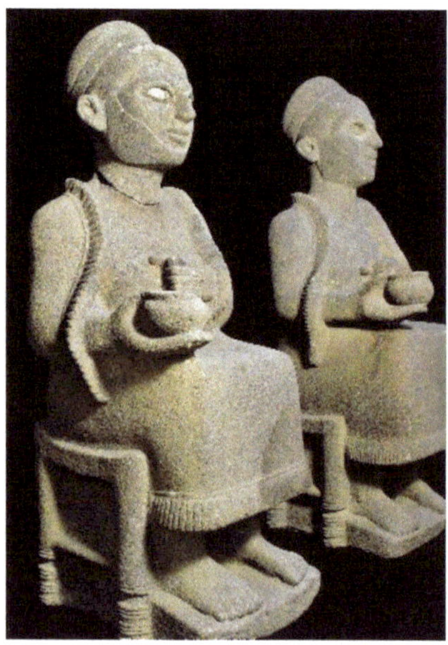

Abbildung auf S.55: Ruinen von Qatna

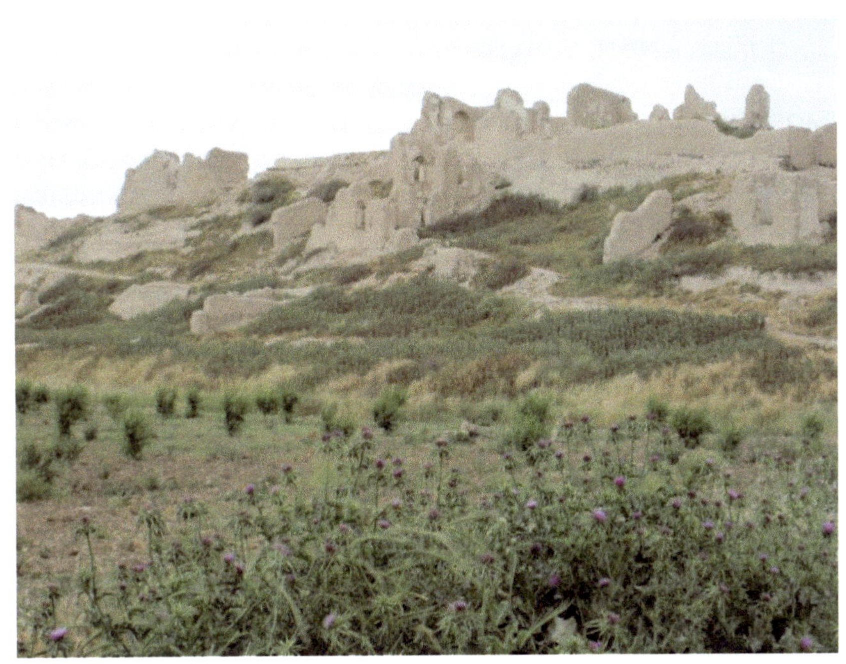

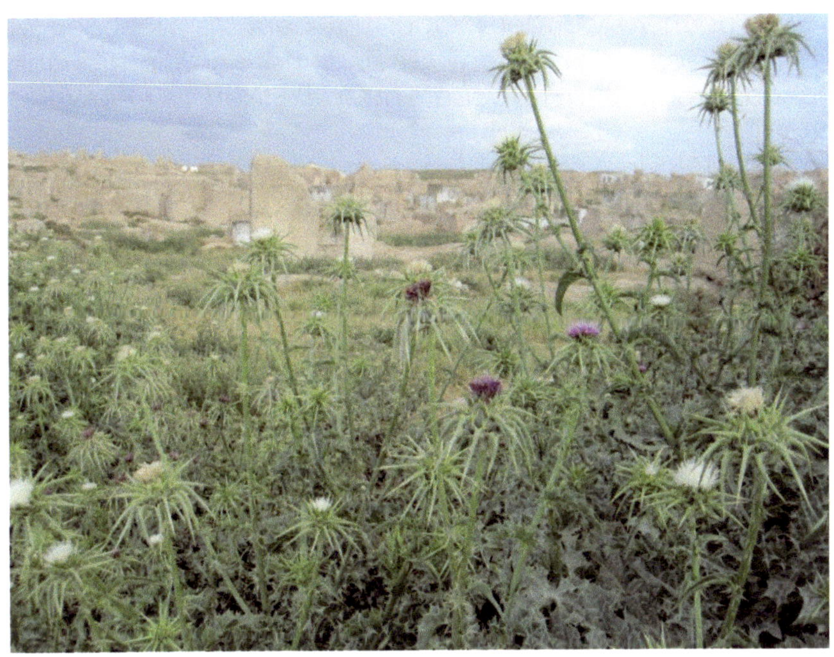

Jordanien – Nationalmuseum

Modellierte Totenschädel aus Jericho: Man hat die Schädel der Verstorbenen eingegipst, um sie so verehren zu können. Aus diesem Ahnenkult haben sich einige Exponate im Nationalmuseum von Amman erhalten. Auffallend sind auch hier die durch weiße Intarsien mit schwarzen Pupillen ausgelegten Augenhöhlen.

Wenig verraten uns diese Schädel aus Jericho, die die Archäologin Kathleen Kenyon in den sechziger Jahren des vergangenen Jahrhunderts ausgrub. Wir sehen nur, dass vor 9000 Jahren eine Gesellschaft beschloss, die verwesten Gesichter ihrer toten Lieben zu ersetzen. Auf nackte Totenköpfe modellierte man Ersatzgesichter aus Kalk und Lehm, bemalte sie mit fleischfarbenem Inkarnat und versah sie mit künstlichen Augen aus Perlmutt. Um dem Transformationsprozess des Todes Einhalt zu gebieten und das Unumkehrbare doch zu wenden? Oder um dem Verblichenen ein ewiges Gesicht zu geben? Geeinigt hat sich die archäologische Forschung auf das knappe Etikett „Ahnenverehrung".

Die 1985 in Ain Ghazi /Amman gefundene Doppelbüste aus Lehm und Bitumen geht auf etwa 6 500 v.Chr. zurück, als noch nicht getöpfert wurde

Ein anthropoid geformter Sarkophag wird dem Zeitraum 1 000-539 v.Chr. zugeschrieben.

Aus dem 7. Jh. v.Chr. stammt ein männlicher Kopf, der sowohl ägyptischen, als auch persischen Einfluss erkennen lässt.

Einer von vier weiblichen Köpfen aus Kalkstein, die in der Zitadelle von Amman gefunden wurden und Teil von Statuen waren. Ihre Augen sind mit Elfenbein eingelegt. Eines der Augen zeigt eine ägyptische Hieroglyphe auf der Rückseite.

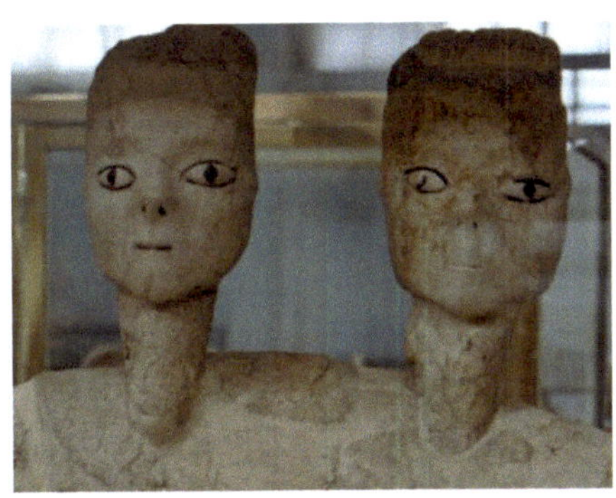

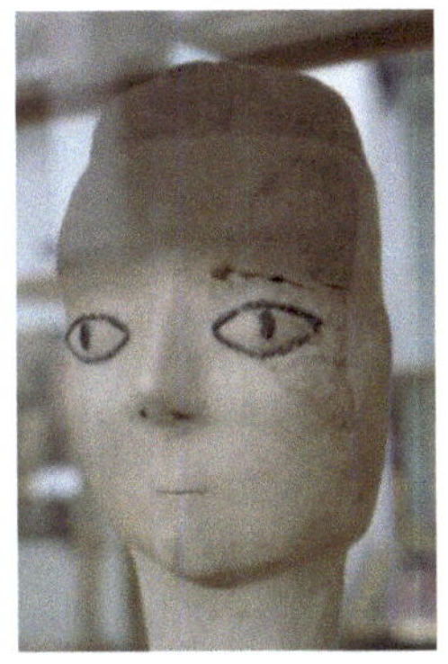

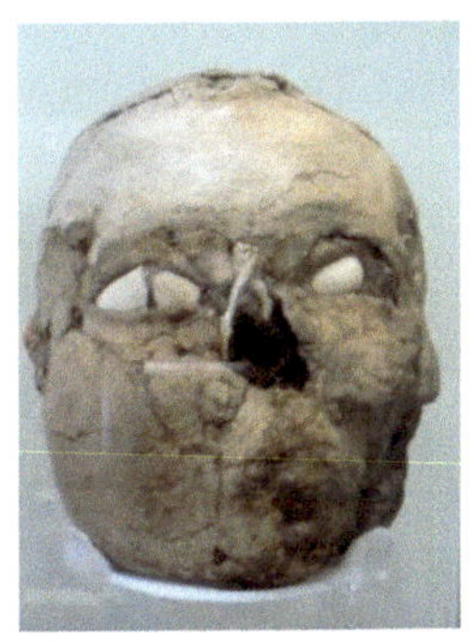

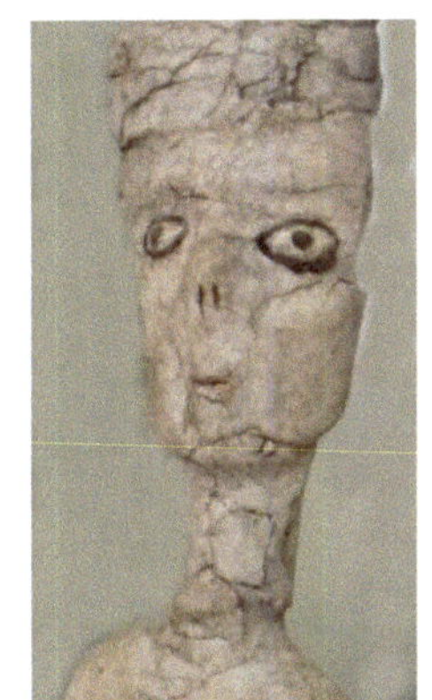

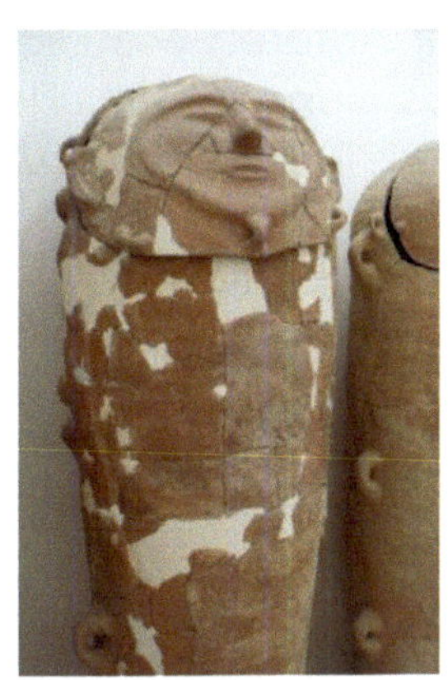

Weiblicher (doppelgesichtiger) Kopf, 7.Jh., Kalkstein, Augen aus Elfenbein (Amman)

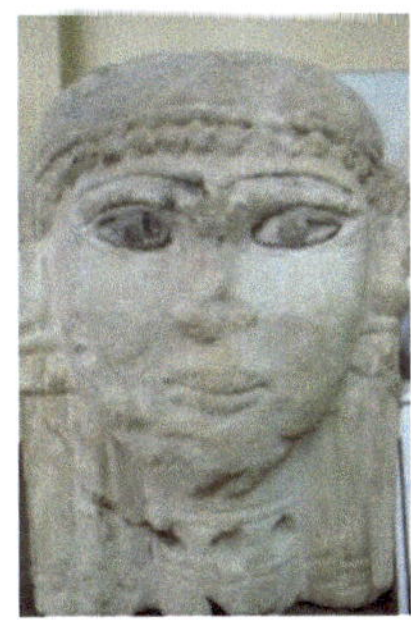

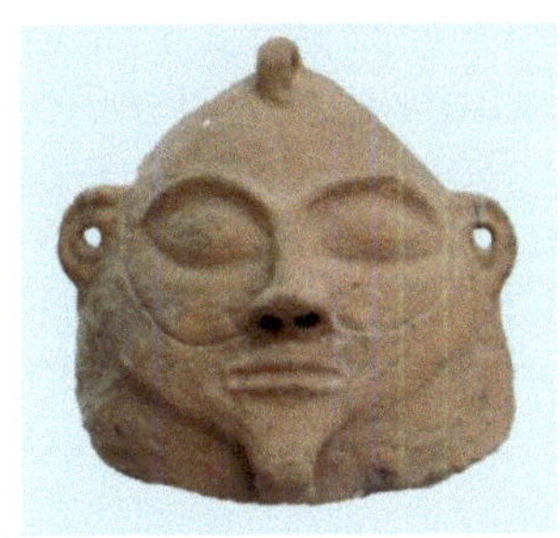

Jordanien - die Nabatäer: Petra

Man weiß wenig über die Nabatäer und ihre Entwicklung zwischen dem 4. und 2. Jahrhundert v.Chr., abgesehen von den Konflikten mit den jüdischen Königen über die wohlhabenden Gegenden im nordwestlichen Jordanien, dem Süden von Syrien und den Golanhöhen. Es bestand eine Orientierung des Ostens nach Westen zum Römerreich. Die Nabatäer saßen an einer wichtigen Handelsroute, und so kam es zu einer Rivalität zwischen ihnen und den Römern, die das Reich der Nabatäer schließlich vereinnahmten, ins Römische Reich integrierten, ohne dass es zu Kämpfen gekommen wäre. Was man von den Nabatäern weiß, geht auf Autoren wie Diodorus Siculus, Strabo (1. Jh. v.Chr.), Plinius den Älteren, Flavius Josephus (1. Jh. n.Chr.) und auf Inschriften und Münzen (seit 95 v.Chr.) zurück.

Die Nabatäer errichteten in Petra ein ausgeklügeltes Bewässerungssystem. Inmitten der Wüste gab es ein großes Wasserbecken mit einer Insel, auf der ein Gebäude errichtet war, daneben üppige Vegetation mit Palmen – man denkt dabei sofort an die Villa Hadriana bei Rom. Entlang des 1200 Meter langen Siqs, einer geologisch spektakulären Schlucht, die die Nabatäer an manchen Stellen erweiterten, indem sie den Fels aushöhlten, wurde im 1. Jahrhundert v.Chr. eine Prozessionsstraße angelegt. An ihrem Eingang stand ein riesiger Bogen. Man hat dort Reliefs aufgedeckt von einer Kamelkarawane und zahlreiche Nischen, den Betylen für die Götter. Für die Nabatäer, wie später für die Römer waren Wasserleitungen die Voraussetzung für ihre Kultur. Von den Wasserläufen entlang des Siqs war einer teilweise offen. Teilweise lief das Wasser durch Tonröhren, die von Sandstein- und Kalksteinplatten bedeckt waren, um Verdunstung und Verschmutzung zu verhindern. Es gab und gibt noch Dämme, die die Überschwemmungen der Regenzeit auffingen. Es ist interessant, dass gerade entlang dieser Wasserläufe Betyle in den Stein gehauen wurden, die den Gott, die Götter um Beistand anrufen sollten, wohl zum Schutz bei den gefährlichen Überflutungen. Auch heute noch lassen sich drei Dutzend dieser Votivnischen im Siq nachweisen, darunter eine ‚sechsköpfige' und eine ‚zehnköpfige' Betylgruppe, die wahrscheinlich Götterfamilien darstellen. Statuen, aber auch einfache Steine bildeten im Nahen Osten von jeher Gottheiten ab. Ein Japaner, Jun Suzuki, soll gesagt haben, dass in Steinen Gottheiten enthalten seien, weil sie die alten Zeiten mitschleppten. Steine sind erdgeschichtlich weitaus älter als alle Lebewesen und sind doch Symbole des Lebens. Steine sind auch heute noch dem Gedenken gewidmet, sind Mahnmale. Die Juden hinterlassen Steinchen auf den Gedenksteinen für ihre Toten. Auch der Hauptgott der Nabatäer ‚wohnte' im Stein – *war* Stein. Später erweiterte sich der Kanon der Götter auch hier und integrierte ein ganzes Pantheon von Göttern anderer Völker. Auch an zahllosen anderen Stellen Petras sind flache Nischen in den Fels gehauen, aus denen rechteckige Steine hervortreten, besagte Betyle. Der Name kommt von Bet-El (hebr. Haus Gottes, gr. baitylos) und stellt ein elementares Idol des nabatäischen Kults dar, ist ein flaches Abbild des ‚Gottessteins'.[19] Gleichzeitig werden aber übernommene Gottheiten wie Dionysos oder Isis figurativ abgebildet.

Unter diesen Betylen finden sich auch sogenannte Gesichtsbetyle, die als Übergang vom ungestalteten Gottesstein zur anthropomorphen Gottesdarstellung betrachtet werden. Es handelt sich dabei um ein Idol mit ausgearbei-

---

[19] Frank Rainer Scheck, Jordanien (Köln ^{2}2000), S.314f. und S.407

teten Gesichtszügen. Ein stark erodiertes findet sich im Siq: Hier sind die Augen als Kreis mit einem Punkt als Zentrum. Um den Kreis ist ein Quadrat gezogen. Die Nase ist als Spalt eingezeichnet. Das Gesicht als solches ist rechteckig, bzw. quadratisch. Ein Gesichtsbetyl aus Sandstein aus dem 1. Jh. v.Chr. aus dem Tempel der geflügelten Löwen in Petra, ein anthropomorphes Idol.

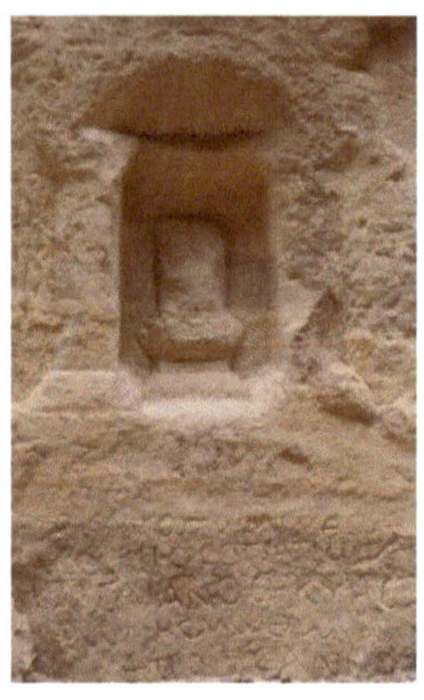

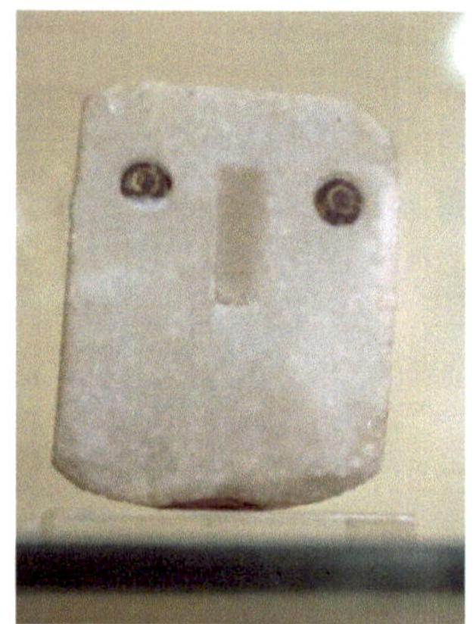

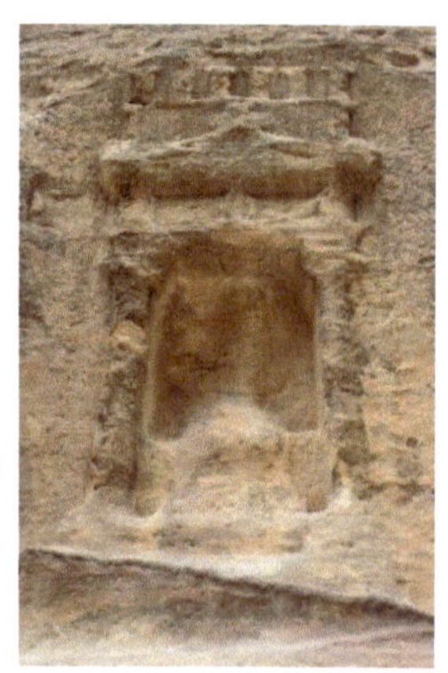

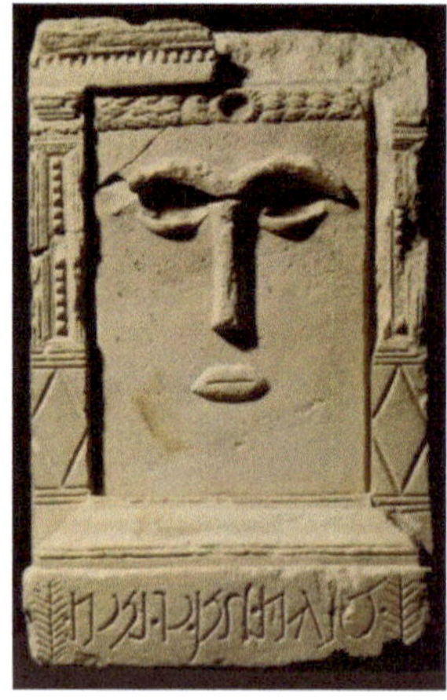

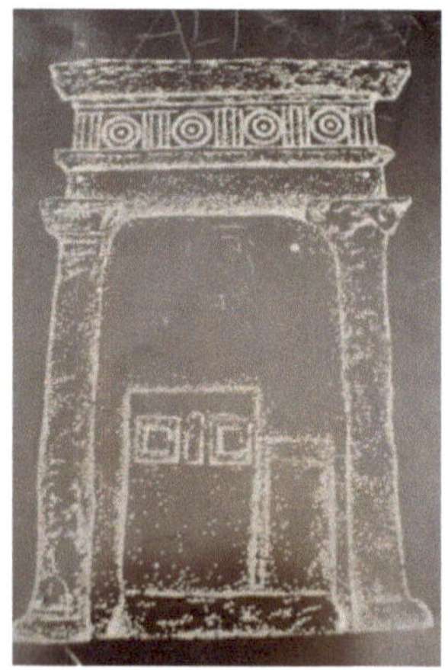

Wie die anthropomorphen Gottesdarstellungen, so sind auch die Steintempel der Nabatäer sowohl aus dem altorientalischen Formenkanon, wie aus der griechischen und römischen Kultur übernommen und zu einer neuen Einheit verbunden worden. Ein besonders prächtiges Beispiel ist „Khazne Firaun", das sogenannte Schatzhaus des Pharao, an einer eindrucksvollen Biegung des „Äußeren Siqs".
Wie die Griechen und Römer produzierten die Nabatäer auch Münzen. Darunter befinden sich auch Exemplare, die im Zentrum ein großes Auge haben.

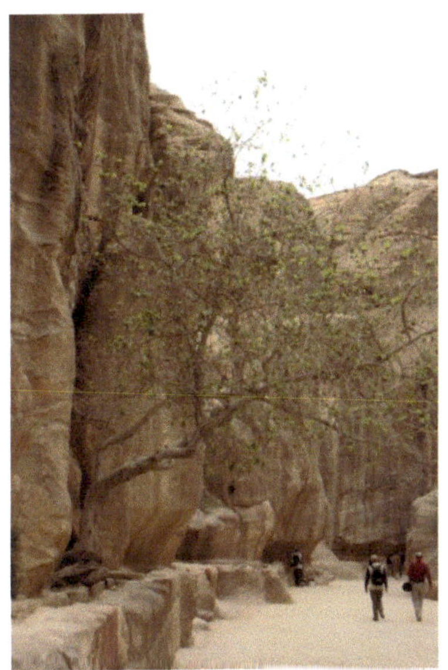

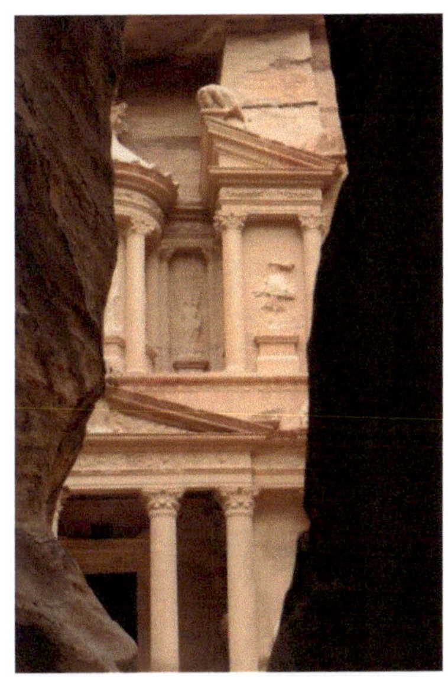

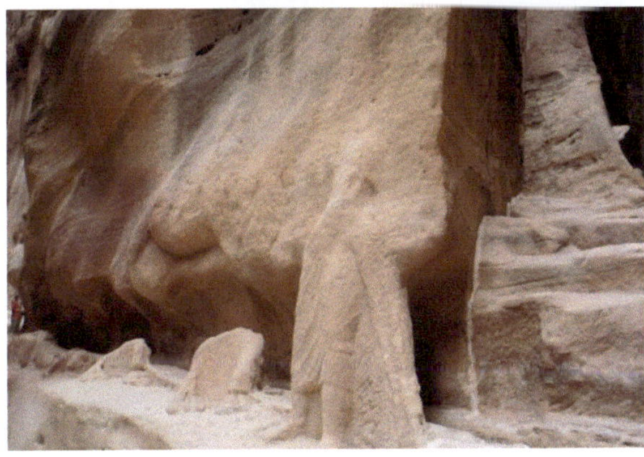

Die Hethiter 1750-1160 (-700) v.Chr.: Hattuşa

Die Hauptstadt der Hethiter: Hattuşa (heute Bogazköy) wurde um 1650 v.Chr. errichtet. 1595 v.Chr. besiegten die Hethiter Babylon. Damit erstreckte sich ihr Reich von der Ägäis bis in den Norden des heutigen Syrien. Um 1300 v.Chr. kämpften die Hethiter und die Ägypter um den Einfluss im Bereich des Mittelmeers. In der Schlacht von Kadesch (1274 v.Chr.) sahen sich beide als Sieger. Ein Krieg im Innern und eine Bedrohung von außen schwächten das Hethiterreich, so dass es 1160 v.Chr. zusammenbrach.

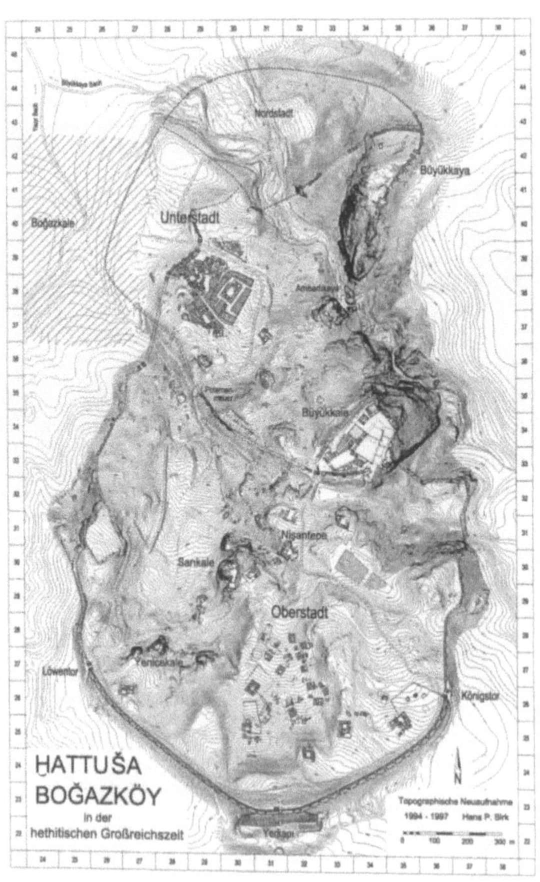

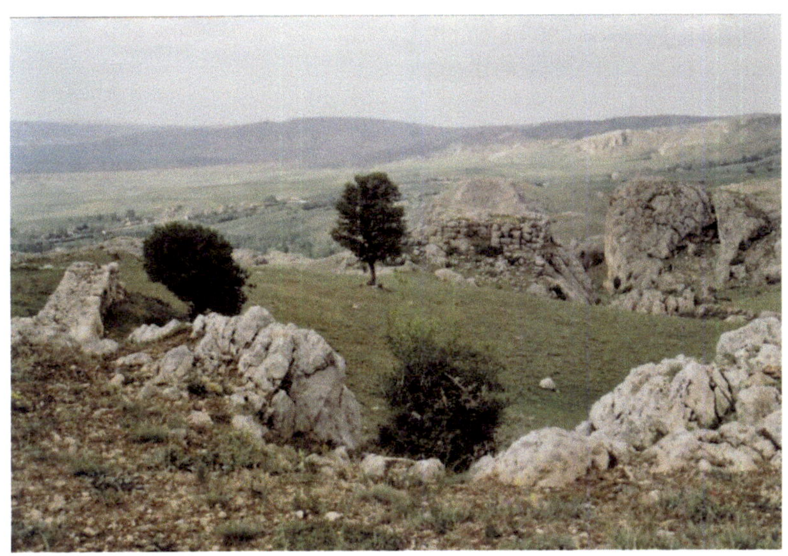

Hattuşa

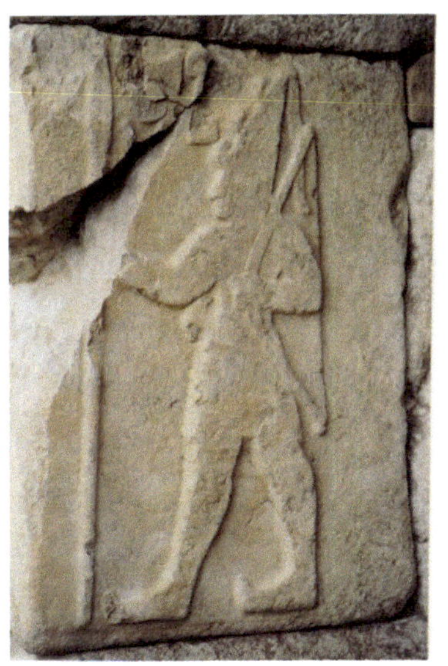

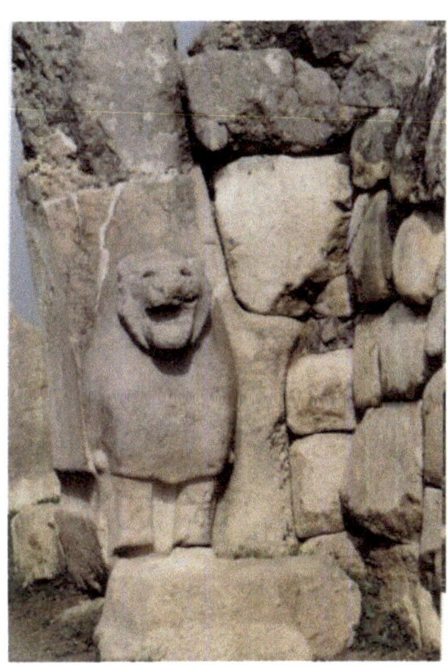

Hattuşa: Königstor und Löwentor

Felsheiligtum Yazılıkaya bei Hattuşa: Einblick in das Reichspantheon

Das Prinzip der Reihung, der Prozessionscharakter der Machtentfaltung wird hier deutlich.
Im Felsenheiligtum von Yazilikaya ereignet sich eine Begegnung der Götter. Der Wettergott des Himmels steht auf zwei anderen Göttern, die Sonnengöttin von Arinna auf einem Löwen. Stiere und Stierhörner an den Mützen der Götter sind dabei ständig wiederkehrende Symbole.

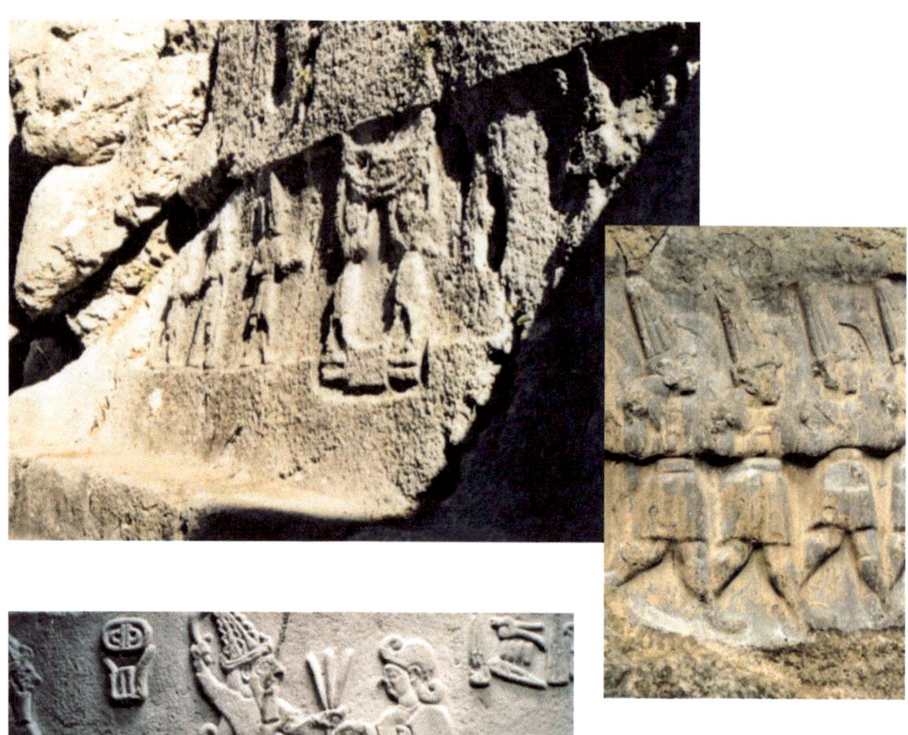

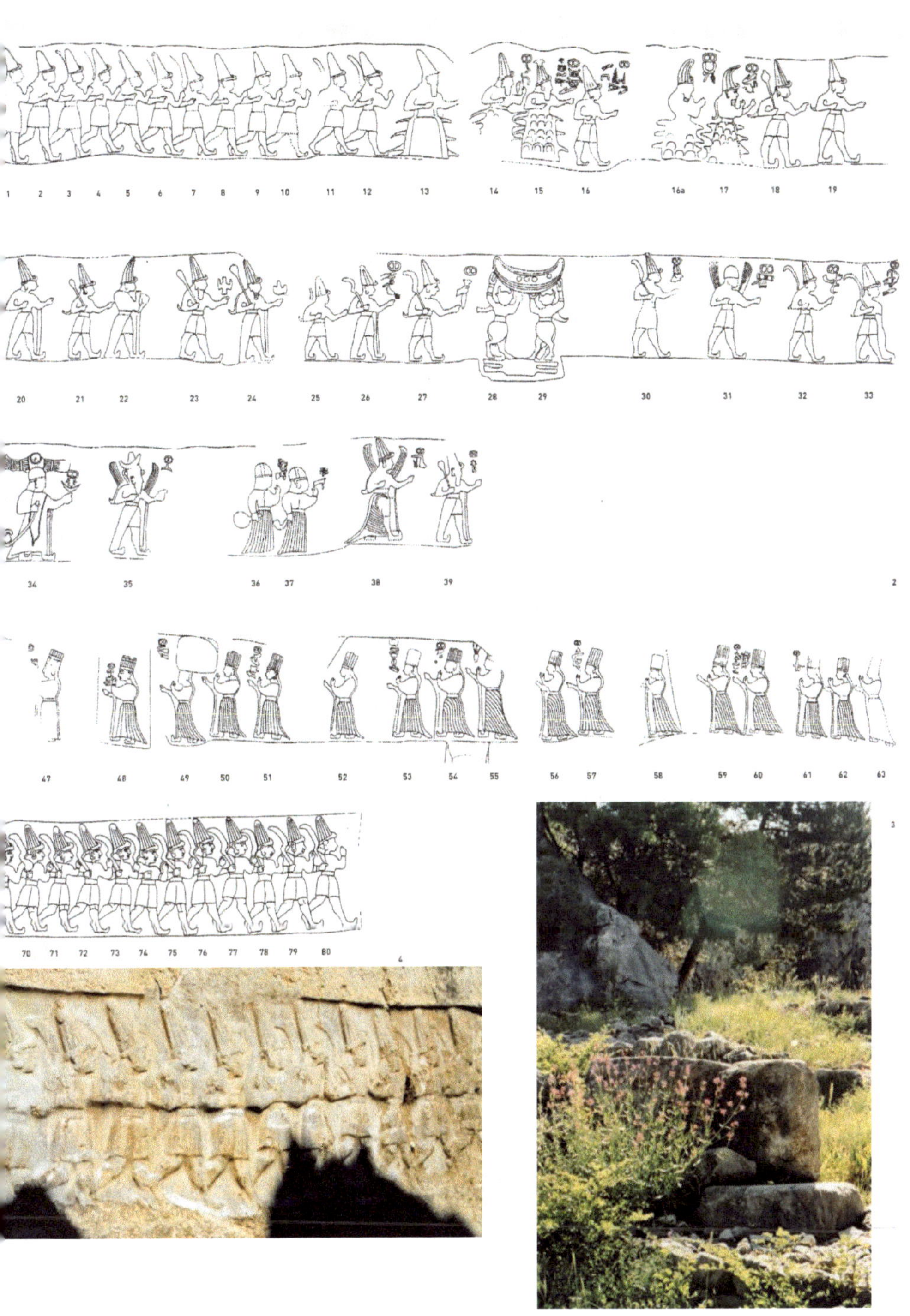
1 2 3 4 5 6 7 8 9 10 11 12 13 14 15 16 16a 17 18 19
20 21 22 23 24 25 26 27 28 29 30 31 32 33
34 35 36 37 38 39
2
47 48 49 50 51 52 53 54 55 56 57 58 59 60 61 62 63
3
70 71 72 73 74 75 76 77 78 79 80
4

In der Tayinat-Ausgrabungsstätte im äußersten Südosten der Türkei haben Archäologen eine gut erhaltene kolossale menschliche Steinskulptur entdeckt. Kopf und Torso erreichen eine Höhe von 1,5 Metern, so dass der gesamte Körper vermutlich einst bis zu vier Meter groß war. Auffallend sind die aus schwarzem und weißem Stein gefertigten, gut erhaltenen Augen. Die mit einem Speer bewaffnete Figur bewachte wahrscheinlich einst das Eingangstor der oberen Zitadelle der Stadt Kunulua.

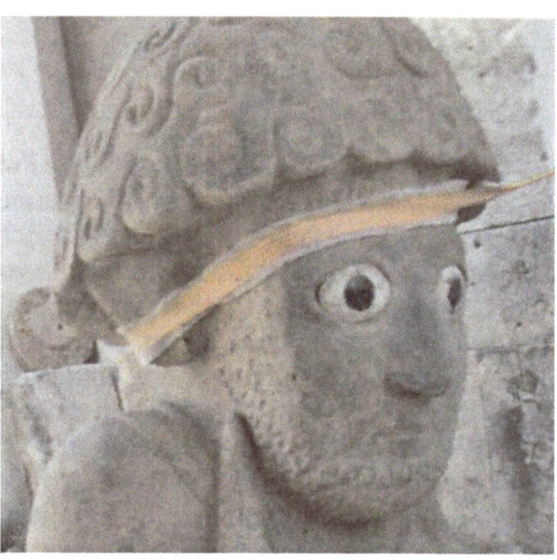

Diese war zwischen circa 1000 und 738 vor Christus Hauptstadt des neo-hethitischen Königreichs Patina. Der neue Fund gebe einen „lebendigen Einblick in den innovativen Charakter und die Fortgeschrittenheit" der Eisenzeit-Kulturen, die im östlichen Mittelmeer - nach dem Zusammenbruch der großen Bronzezeit-Mächte entstanden, sagt der Archäologe Tim Harrisor von der University of Toronto. [20]

Der neue Fund trägt eine kunstvolle Frisur und Vollbart und hat die der Tradition entsprechenden stechenden Augen.

---

[20] SZ 1.3.12: "Antiker Koloss. Neue Hethiter-Skulptur entdeckt" /cwi / Foto: Jennifer Jackson

Neuhethitisches Reich: Karatepe im Süden der Türkei

Die Kultur der Hethiter, die 1160 v.Chr. zusammenbrach, überlebte im Süden Anatoliens und im heutigen Syrien. Dort konnten sich Kleinreiche etablieren. Sie benutzten eine Hieroglyphenschrift und übernahmen in ihren bildlichen Darstellungen (Reliefs) das Erbe des Zweistromlands, eben auch die großen Augen und in der Regel ihre Mischform von ‚en face' und Profil. Im 9. Jahrhundert wurden sie zunehmend von den erstarkenden Assyrern bedroht, in deren Reich sie schließlich eingegliedert wurden.

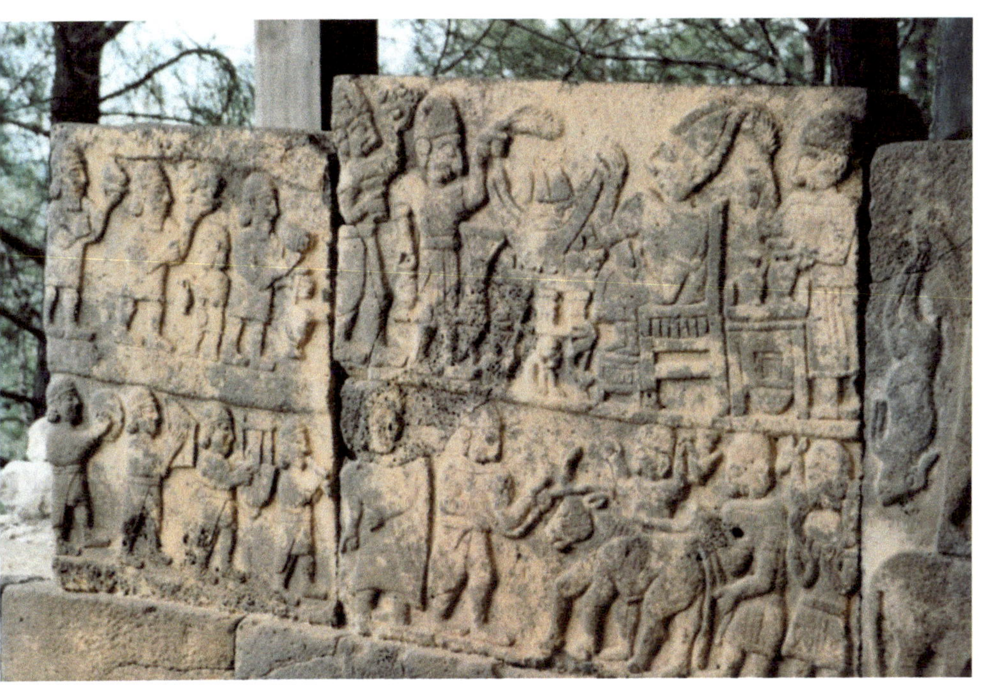

Karatepe

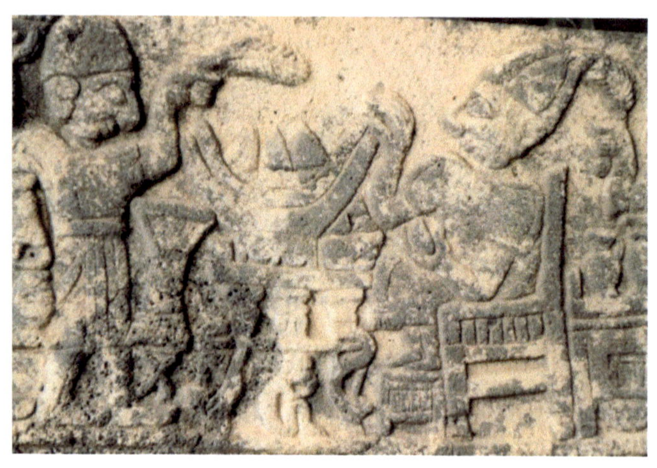

Karatepe (Detail): Opferszene

Ein vergleichbares Relief gibt es aus Malatya (Osttürkei), 10.-9.Jh. v.Chr. Es zeigt den König Sulumeli im Gebet vor dem großen Gott. Basalt (86,2cm hoch).
Auffällig ist, dass bei größerer Nähe zum Zweistromland, eine stärkere Affinität mit der Kunst des südlichen Nachbarn auftritt.

Antiochia (Antakia):
Löwe aus Basalt mit
großen Augen

Tunesien – Phönizier und Punier

Die Phönizier (um 1100-800 v.Chr.) waren ein seetüchtiges Volk von Händlern. Teile von ihnen wanderten aus und wurden später zu Punier genannten Bewohnern von Karthago. Hier laufen östliche, ägyptische und römisch-griechische Kulturen zusammen. Es ist immer noch umstritten, ob es die Ägypter waren oder die Phönizier, denen es gelang, Glas und Glaspaste, ‚Niello' herzustellen. So haben sich im Bardo-Museum und im Archäologischen Museum oberhalb der Antoninus-Pius-Thermen noch einige Exemplare der damals wohl verbreiteten winzigen Glasköpfchen erhalten. Mit ihren kreisrunden Glupschaugen gehören sie eindeutig in die Tradition der großen Augen, die im Zweistromland ihren Ausgang nahm.

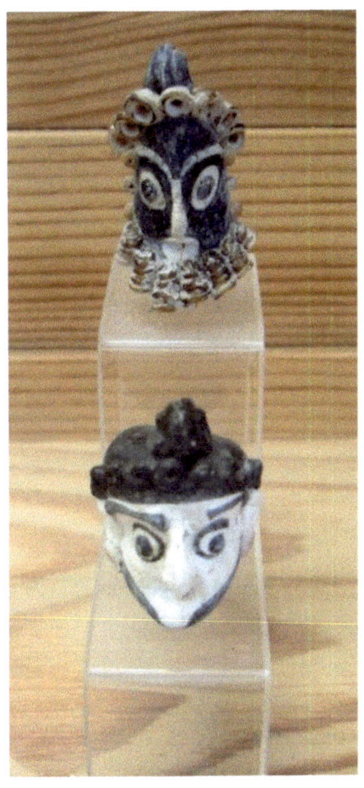

Rechts:
Eine Kopie!

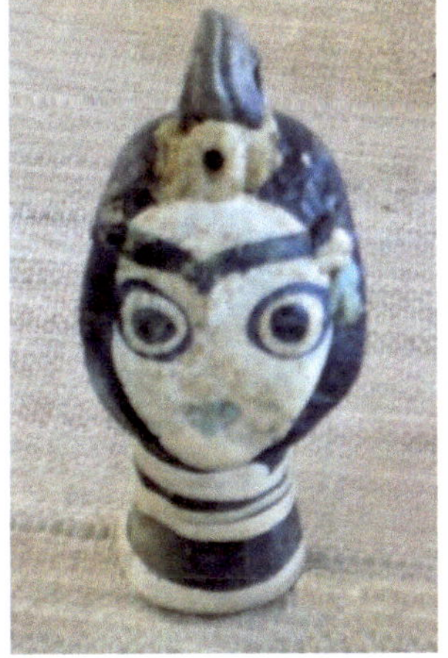

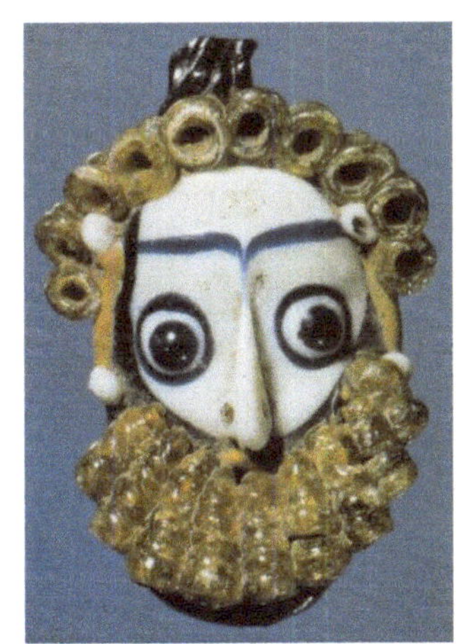

Griechenland – Zypern und die Kykladen

Wir kommen nun zu den Kykladenidolen, die dem heutigen Betrachter in ihrer Abstraktion und Stilisierung und gerade durch die nicht mehr wahrnehmbare Bemalung so unglaublich modern vorkommen. Zur Zeit ihrer Entstehung aber müssen wir sie uns bemalt vorstellen. Diese Idole hatten aufgemalte Augen und einen Mund und teilen durchaus die Betonung der Augen, wie wir sie aus dem Nahen Osten kennen.

Zypern und die Kykladen liegen nicht nur geographisch nahe an Anatolien, dem Nahen Osten, sondern werden auch von dort beeinflusst.

Die menschliche Figur dominiert die zyprische Kultur von Anfang an. In der späten Bronzezeit tauchen auf Zypern Figurinen auf mit durchstochenen Ohrläppchen und auffallenden Ohrringen, die auf syrischen Einfluss zurückgehen. Aber auch der Einfluss Mykenes lässt sich nachweisen. In der frühen Eisenzeit sind die Syrer und die Phönizier tonangebend.

Der Typus der „Nackten Göttin“ mit dem Gestus des Brüstehaltens ist seit dem Neolithikum (vor 7 000 Jahren) im Vorderen Orient und im östlichen Mittelmeerraum weit verbreitet. Die dickleibige weibliche Figur ist entweder stehend oder im Schneidersitz dargestellt. Ihre organisch gerundeten Formen sind weitgehend naturalistisch. Doch dann setzt eine neue Entwicklung ein: es kommt zur Abstraktion und zu einer starken Reduktion des Figurativen. Es entstehen violinförmige Körper mit gelängtem Hals, bei denen der Kopf fehlt. Der äußere Umriss folgt der dickleibigen, hockenden Figur und übersetzt sie ins Zeichenhafte.

Vorläufer der Kykladenidole

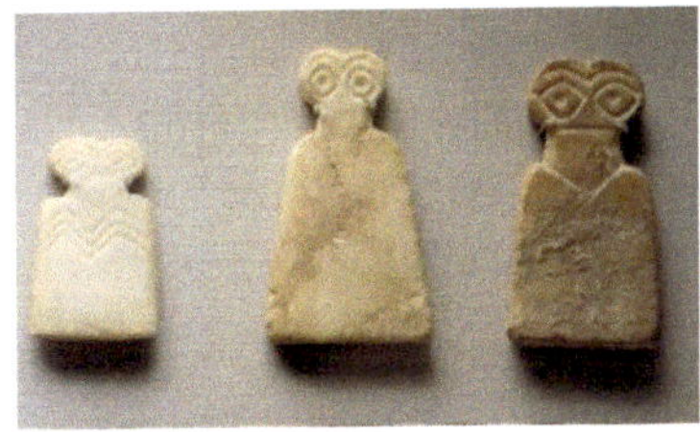

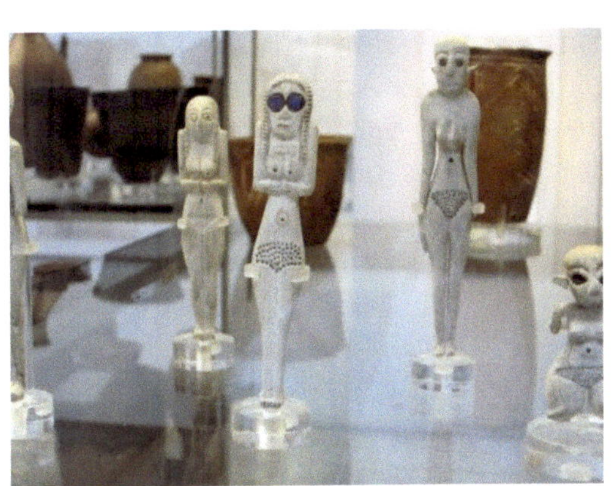

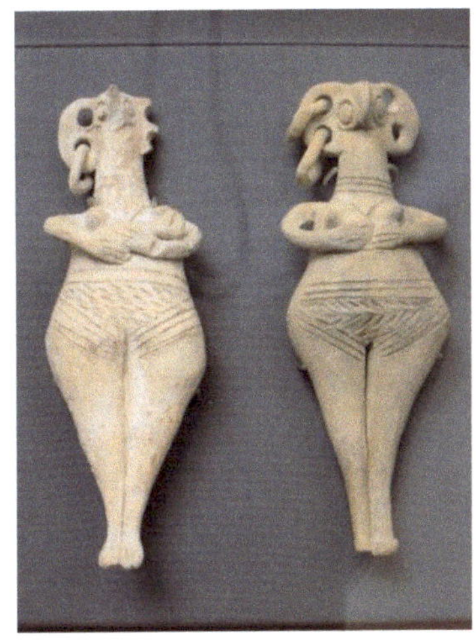

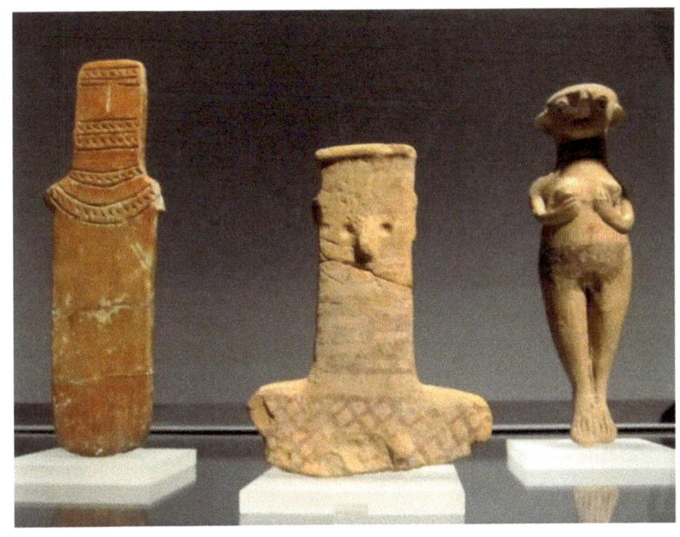

Wir sprechen von Idolen und führen damit diese abstrahierten Abbilder auf eine zum Transzendenten neigende Ebene. Das griechische Wort éidolon meint Abbild, Schattenbild, Traumbild, Trugbild. Luther sah darin den Götzen, den Abgott und meinte das pejorativ im Gegensatz zum griechischen Wort eikōn: Bild, Abbild, Ikone.

Diese Idole sind anthropomorph zu verstehen, am Menschen orientiert. Durch Reduktion, bzw. Abstraktion, wird eine Konzentration auf das Wesentliche erreicht. Es kommt zu einer gezielten Selektion der wiedergegebenen Körpermerkmale, einer übersteigerten Akzentuierung bzw. pointierten Hervorhebung einzelner Elemente. Idole werden so zu bedeutungskonnotierten Zeichen, die diese Figurationen auf eine spirituelle, transzendente Ebene stellen. In der Regel haben sie nichts Individuelles, es bestehen keine narrativen Bezüge. Keine Gestik stellt sie in einen Handlungszusammenhang.

Da keine schriftlichen Quellen vorliegen, kann man über die Funktion dieser Figuren nur Vermutungen anstellen. Allerdings lässt ein archäologischer Kontext, lassen Fundort, Fundumstände und Beifunde doch einige Schlüsse zu, die durch Beobachtungen und Vergleiche mit anderen Kulturen zu ergänzen sind. Bei den Kykladenidolen bietet sich eine eng mit gesellschaftlich-religiösen Prozessen verbundene Bedeutung an. Die Dickleibigkeit der frühen Figuren mit ihrer Betonung des Geschlechts machen einen Zusammenhang mit der Fruchtbarkeit als lebensspendendem Prinzip wahrscheinlich. Auch bei den Kykladenidolen könnte man an Göttinnen der Fruchtbarkeit aus der Region des Zweistromlands, des Nahen Ostens denken, an eine Magna Mater, Kybele, Astarte, Ischtar, eine anatolische Venus eben, aber auch an eine Artemis oder Demeter? Auch Nymphen kommen in Frage.

Die Idole, die mit den violinförmigen, stark abstrahierten Formen ihren Anfang nehmen, werden schon in der frühkykladischen Phase I (3 200 – 2 700) abgelöst von einem naturalistischeren Typus mit plastisch ausgearbeiteten Gesichtsmerkmalen wie Mund und Auge, einer Kopfbedeckung oder einer aufwendigen Frisur. Doch sind die Arme noch übereinandergelegt oder so, dass die Fingerspitzen aufeinanderstoßen. Die Beine sind voneinander getrennt. Dem entspricht der Plastiras-Typus auf der Insel Paros. Beim Louros-Typus, den man auf Naxos gefunden hat, ist der Kopf dreieckig, ohne dass die Nase herausgearbeitet wäre. Doch ist der Körper durch Ritzungen gegliedert, das Schamdreieck ist pointiert dargestellt. Die Arme verkümmern zu Stummeln.

Violinförmige Idole wurden schon Anfang des 3. Jahrhunderts v.Chr. in Anatolien gefunden, von wo diese Tradition ausgegangen sein wird. Nur in Kültepe fand man Alabasterfiguren mit runden Körpern und zum Teil mehreren Köpfen in Dreiecksform, in die allein die Augen mit darüber liegenden Brauen eingeritzt sind.

In der frühkykladischen Phase I gibt es auch Gefäße aus Marmor, die die menschlichen Formen rudimentär und analog zu den Idolen aufnehmen, dazu gehören die Brüste, Arme, das Geschlecht. Während ähnliche Gefäße den Bedürfnissen des Alltags gedient haben dürften, wird ein solcher Becher eher kultische Funktionen erfüllt haben.

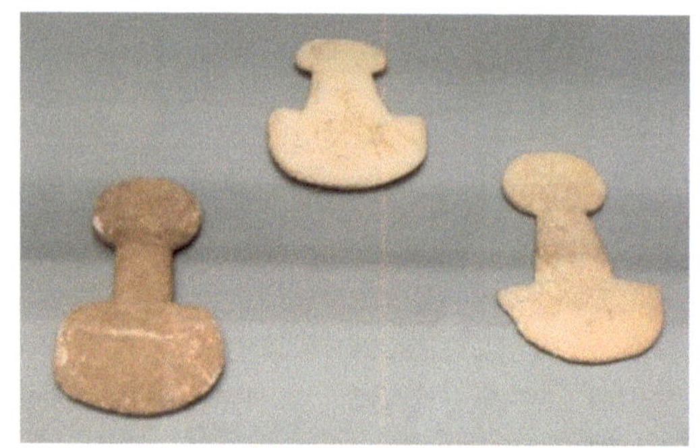

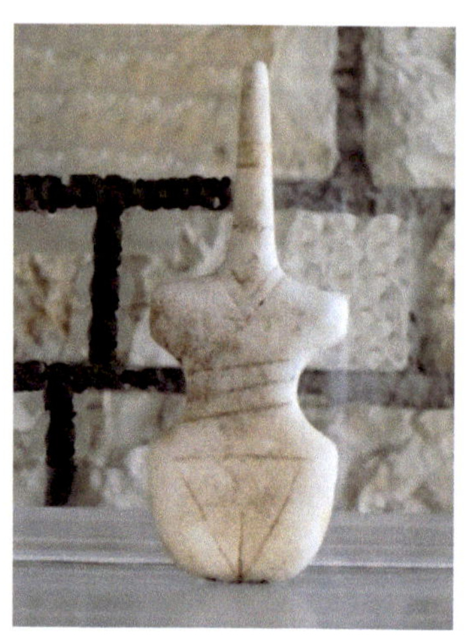

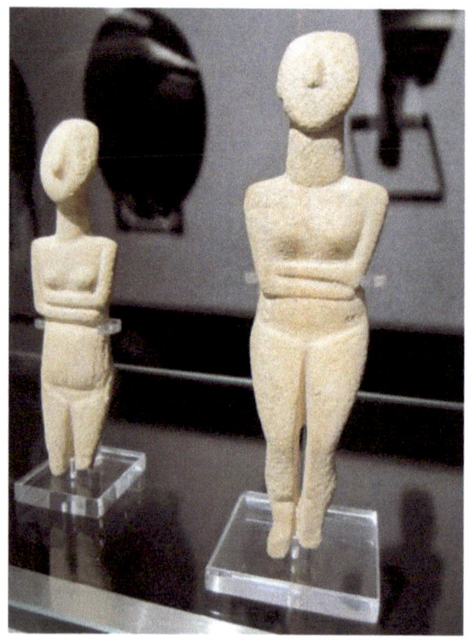

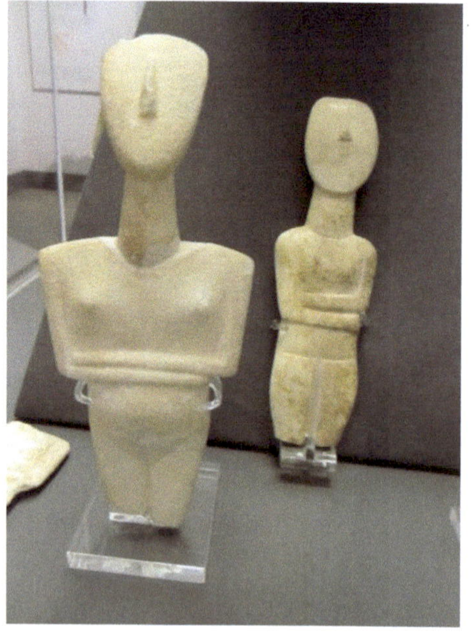

In der darauf folgenden Phase Frühkykladisch II (2700-2400) wird eine einheitliche plastische Bildsprache für den Menschen entwickelt. Die Figurinen haben übereinander gelegte Arme. Der Kopf ist leicht zum Nacken hin abgewinkelt und hat eine plastisch herausgearbeitete Nase und ebensolche Brüste. Es sind nur scheinbar Standfiguren mit häufig geschlossenen, durch eine Kerbe getrennten Beinen und leicht gebeugten Knien.

Der auf Naxos gefundene Spedos-Typus ist am häufigsten und entspricht wohl dem Bild, das wir vor Augen haben, wenn wir an Kykladenidole denken. Hier hat der Kopf die Form einer Lyra. Taille und Bauchpartie sind hervorgehoben, Arme und Beine plastisch. Die Gestalt dieser Idole ist weniger abstrakt und in ihrer Gestaltung organisch. Daneben gibt es Formen, die wieder stärker abstrahieren und denen eher geometrische Formen zu Grunde liegen: der Dokathismata-Typus (Amorgos) und der Chalandriani-Typus (Syros).

Auf Paros wurde das schon erwähnte Doppelidol des Spedos-Typus gefunden. Hier steht auf einem Idol ein kleineres der gleichen Art. Dieser Fund ist nicht ganz einzigartig, aber doch eher selten. Der Katalog von Karlsruhe hält sich sehr zurück bezüglich einer Interpretation. Es wäre aber doch denkbar, dass ähnlich wie bei afrikanischen Darstellungen späterer Zeiten hier eine Generationenfolge gestaltet wird. Da die beiden Idole ohne Hinweis auf ihr Geschlecht auskommen und auch der Kontext des Fundes unbekannt ist, bleibt offen, ob es sich tatsächlich um eine Mutter-Kind-Beziehung handelt.

Am Ende der Idolplastik (Frühkykladisch III / 2400-2000 werden die Figurinen wieder sehr abstrakt, oft handelt es sich nur um einen einfachen Strandkiesel, den man leicht bearbeitet. Daneben gibt es brettartige Idole. Es kommt zu einem Zerfall der Form.[21]

Nun zur Bemalung, die sich an manchen Exemplaren noch nachweisen lässt und die den Augen eine so herausragende Bedeutung zumisst.[22]

Die farbige Fassung der aus weißem, kristallinem, durchscheinendem Marmor gefertigten Idole erstreckt sich auf anatomische Details wie Augen, Augenbrauen, Mund, Haarlocken und den Schambereich. Auch Körperschmuck kommt vor in der Form von Kopfbedeckungen, von Ketten und Armspangen. Dazu tritt oft noch eine Körperbemalung, die sich mit Tätowierungen bei anderen Kulturen vergleichen lässt, was mit sozialem Status gekoppelt sein könnte. So finden sich Punktreihen, aber auch parallel gezogene Striemen im Gesicht, im Nacken oder auf der Brust. Zickzacklinien erscheinen am Oberkörper und im Bauchbereich, auf Armen und Oberschenkeln und könnten auf Krankheit und Schmerzen verweisen. Auffallend ist, dass die Strichführung sowohl präzise, als auch ungenau, ja geradezu nachlässig ausgeführt wird.

---

[21]Kykladen (Katalog) a.a.O. Kunsthistorische Typenreihen mit Leit- und Untertypen (Kat. S.134/5: „Zeiten und Formen – Von der Jungsteinzeit bis in die Frühe Bronzezeit“ und S.175-184: „Vielfalt der Idole – Typologie und Formenreichtum kykladischer Idolplastik)

[22] Kykladen (Katalog) a.a.O. S.185-201

Auch tauchen Augen an verschiedenen Stellen des Körpers auf. Hatten sie eine magische, eine Unheil abwehrende Funktion? Sollten sie den Blick einer Gottheit einfangen, ihn auf den Besitzer des Idols richten? Erst durch die Bemalung wurden die Idole „lebendig" und konnten als Kultobjekte dienen. In ihrer Nutzungszeit wurden sie mehrfach verändert: verblasste Bemalungen wurden übermalt, neue Symbole kamen hinzu, alte wurden entfernt. Es wäre denkbar, dass die unterschiedlichen Zeichen auf dem Körper eines Idols das Leben seines Besitzers abstrahierend abbilden, dass ein Auge auf dem Körper göttlichen Beistand für eine Lebensphase erbittet, die in einem Bezug steht zum Körper. Körperlicher Schmerz, Trauer, der Übergang von einer Lebensphase in eine andere, Initiationen, könnten so markiert werden. Vielleicht wurden solche Idole in kritischen Situationen in Händen gehalten, waren Teil eines Rituals. Der meist leicht nach oben geneigte Kopf könnte als Bitte um göttlichen Beistand aufgefasst werden. Diese göttlichen Wesen könnten Genien, Schutzgeister, Personifikationen numinoser Wesen sein. Auch ein Wesen im göttlich-menschlichen Grenzbereich könnte im Idol verkörpert sein, ein „Alter Ego", ein Substitut. Eine spirituelle Implikation scheint unumstößlich. Es scheint ein Urbedürfnis des Menschen zu sein, Abbilder seiner Selbst, beziehungsweise Ersatzfiguren zu schaffen mit einem deutenden, ordnenden Bezug zur Welt. Am Ende wurden diese Idole dem Toten mit ins Grab gegeben. Dass gerade Augen so häufig als Zeichen in der Körperbemalung auftauchen, mag auf eine „wahrnehmungs- und erkenntnisbestimmte Ausrichtung des Menschen" in dieser frühen Zeit hinweisen. Idole sind „bedeutungskonnotierte Zeichen".[23]

---

[23] Kykladen (Katalog) a.a.O. S.203

In allen Kulturen und Zeiten treten menschlich gestaltete Bildnisse als Mittler zwischen dem Diesseits und einer spirituеller Welt auf. Oft haben Menschen versucht, durch Objekte medial Einfluss auf übernatürliche Mächte und das eigene Schicksal zu nehmen. Das Phänomen wird uns auch anderswo begegnen.

Literatur:

Kykladen – Lebenswelten einer frühgriechischen Kultur - Katalog zur Ausstellung 2011/2012, hrsg. vom Badischen Landesmuseum Karlsruhe (Darmstadt 2011)

Griechenland

Anthropomorphe Stelen der frühen Bronzezeit

Das Museum von Thassos /Nordgriechenland) zeigt einige der frühesten Monumentalfiguren aus dem prähistorischen Europa, unter anderem aus Malta, Frankreich, aus Ländern des Mittelmeers und des Schwarzen Meers, vom 4.-2. Jahrtausend v.Chr. Auf Thasos [antike Schreibung] gibt es solche Figuren seit dem Beginn der Bronzezeit. Sie sind meist aus Marmor oder Gneis [der Steinbruch von Alyki ist auch heute noch zu besichtigen]. Diese monumentalen Figuren stellen Götter oder Vorfahren dar, waren aber auch Grenzsteine. Solche Funde dienten später oft als Spolien. So blieben sie erhalten [Skala Sortiros].

Der griechische Kouros

Im Museum der Insel Thassos steht die Kopie eines überdimensionaler, nie ganz vollendeten Kouros (ursprünlich auf der Agora von Thasos, 570-560 v.Chr., heute in Kopenhagen), der seine Verwandtschaft mit Ägypten durch den sogenannten ägyptischen Haarknoten am Hinterkopf bezeugt. Dieser Knoten findet sich auch als Schmuckelement und heißt auch „Knoten des Herakles".

Der griechische Kouros gehört in die griechische Archaik und war im ganzen griechischen Raum schon im 8. Jahrhundert verbreitet. Er zeichnet sich aus durch Symmetrie und Frontalität. Doch steht er frei, anders als das ägyptische Vorbild, das mit der Wand verwachsen und stets mit einem Schurz bekleidet ist. Der griechische Jüngling aber ist nackt. Die sehr viel seltener gestaltete weibliche Figur heißt Kore und ist bekleidet. Je älter diese Figuren, umso größer und starrer blicken die Augen, die gelegentlich denen einer Medusa gleichen. Nicht zu übersehen aber ist das sogenannte „archaische Lächeln", das diese Figuren vor allem im 6. Jahrhundert auszeichnet.

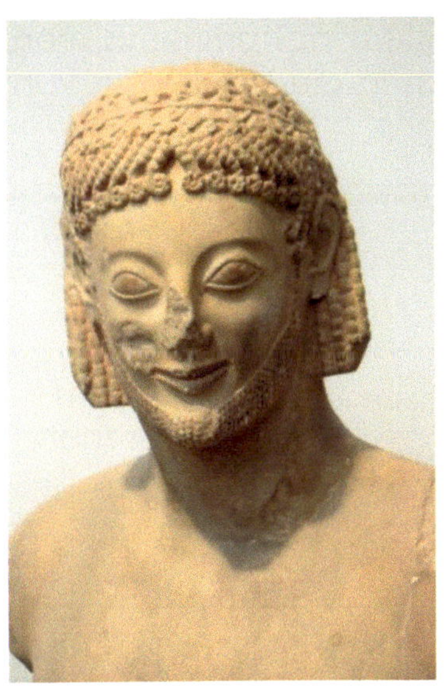

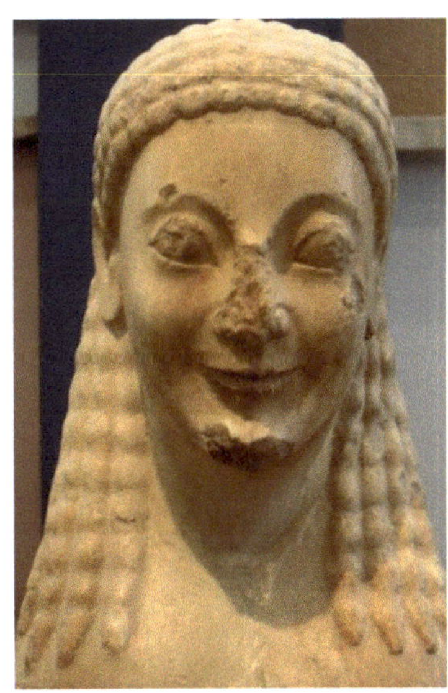

Neolithische Köpfe aus Mazedonien

Im Museum von Thessaloniki ist eine große Zahl von Köpfen kleiner anthropomorpher Tonfiguren aus dem Neolithikum ausgestellt. Diese Köpfe haben geschlossene Augen und stammen vermutlich aus Gräbern. Auch heute noch schließt man den Toten die Augen. Ähnliche Terrakotten finden sich im Museum in Pella. Solche Köpfe haben sich auch aus archaischer und klassisch-hellenistischer Zeit erhalten (Vergina / Aigai).

Man vermutete Götter überall, vor allem in den Häusern. Darum stellte man Tonfiguren auf, vor allem weibliche Gottheiten, aber auch kleine Hausaltäre. Zu den allgemein verehrten Göttern gesellten sich lokale Gottheiten und Heroen wie der vergöttlichte Hephaistion, der Busenfreund Alexanders des Großen, mit dem zusammen er drei Jahre lang von Aristoteles unterrichtet wurde, der für ihn Patroklos war, während er selbst sich mit Achill identifizierte. Alexander betrachtete sich von den Göttern abstammend, von Zeus, und in Ägypten stellte er sich in die Nachfolge von Osiris.

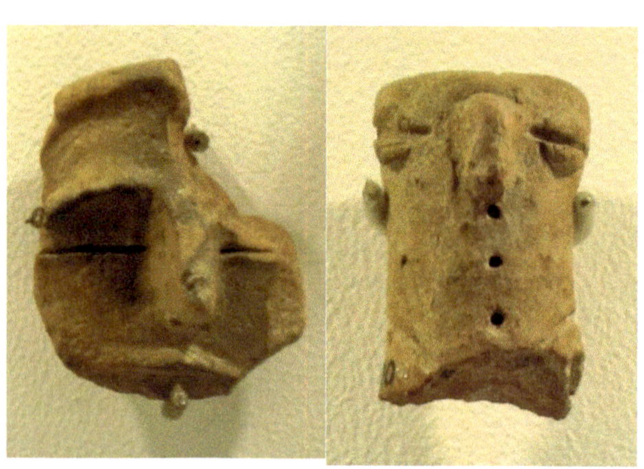

Neolithische Tonporträts mit geschlossenen Augen

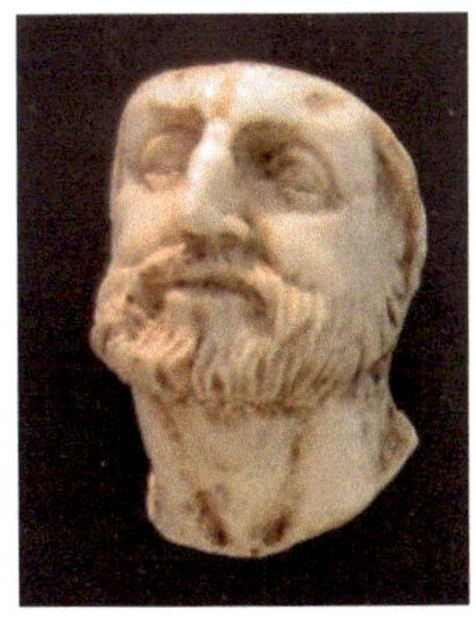

Ein kleiner Kopf aus Elfenbein, der mit anderen kleinen Köpfen die hölzerne Kline im großen Grab Philipps II. in Vergina / Aigai schmückte, stellt ein Porträt des Königs selbst dar, was durch die Narbe am rechten Auge mit hoher Wahrscheinlichkeit bestätigt wird.

Goldmasken (Mykene und Mazedonien)

Die sogenannte Goldmaske des Agamemnon wurde 1876 von Heinrich Schliemann im griechischen Mykene entdeckt. Nach dem heutigen Stand der Forschung stammt das Grab, in dem die Maske gefunden wurde, aus der Mitte des 16. Jahrhunderts, zu früh um sie mit der mythischen Gestalt in Verbindung zu bringen. Man nimmt deshalb an, dass sie einem mykenischen Fürsten aus einer früheren Dynastie zuzuschreiben ist.

Die goldenen Totenmasken, die in Mazedonien gefunden wurden, gehören dagegen alle ins 6. Jahrhundert. Eine solche Goldmaske aus einem Frauengrab in Pella besteht interessanterweise aus Teilen, bedeckte also nicht das ganze Gesicht. Die Augen waren mit goldenen Rosetten belegt, der Mund mit einer filigran gemusterten Lanzettform. Der Verstorbene bekam also buchstäblich „ein Blatt vor den Mund" gelegt. Zur Bestattung des Leichnams gehörten auch ein Diadem aus Rosetten, Ohrringe, zwei Goldspiralen, ein Anhänger und eine Kette aus kleinen Muscheln. Das Grab wird zwischen 540 v.Chr. und 560 v.Chr. datiert.

Es findet sich in diesem Zeitraum (550-540 v.Chr.) aber auch eine Goldmaske, die das ganze Gesicht bedeckte, wie im 1000 Jahre früheren Fall von Mykene. Sie stammt aus Sindos, aus Ausgrabungen im Umfeld von Thessaloniki.

Auch in Pella ausgestellt ist ein Bronzehelm aus Archontiko von etwa 530 v.Chr., in den eine Goldmaske eingepasst wurde.

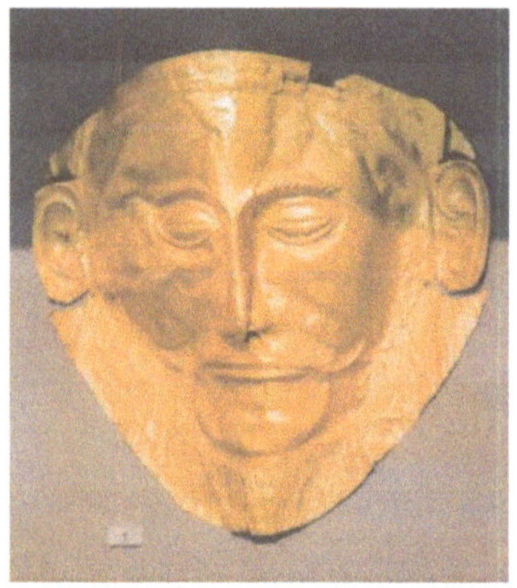

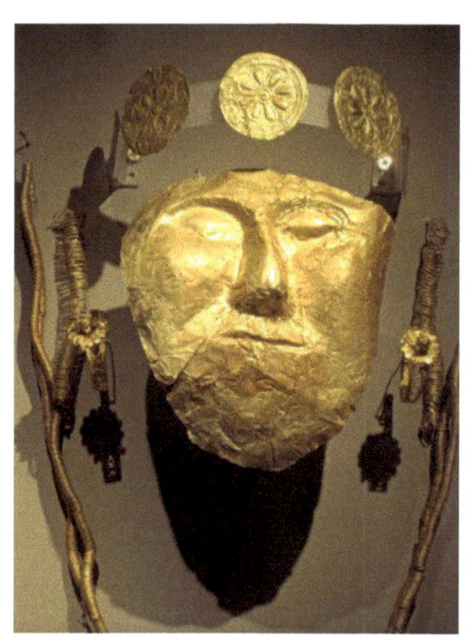

Goldmaske aus Mykene
Goldmaske (Pella)
530 v.Chr.

Gold repräsentiert in Begräbnisriten den Bezug zur Ewigkeit. Nicht nur weil Gold unverwüstlich ist, sondern auch weil das Metall auf die Sonne verweist, die von allen frühen Kulturen verehrt wird. Dass Gold aus dem Verkehr gezogen wird, indem es mit dem Toten begraben wird, spricht von einer intensiven Verehrung der Vorfahren, die mit einer konservativen Haltung der Gesellschaft einhergeht, die sich von der des alten Athen unterscheidet.

Türkei / Ostanatolien: Nemrut Dağı

In der heutigen Südosttürkei nordöstlich von Adıyaman im Taurusgebirge wurde auf einer etwa 50 Meter hohen künstlich aufgeschütteten Bergspitze eine mit einem Heiligtum verbundene Grabstätte des kommagenischen Königs Antiochos I. (69-38 v.Chr.) angelegt. Der heutige Name Nemrut Dağı erinnert an den in der Bibel und im Koran vorkommenden sagenhaften König Nimrod. Das Karstgebirge ist dort schon 2150 Meter über dem Meer gelegen und erhält durch den symmetrisch klar gestalteten Gipfel seine ganz besondere Wirkung. Die bergige Umgebung ist äußerst imposant.

Ein paar Bemerkungen zur Geschichte sind notwendig, um das Heiligtum und den dort im 1. Jahrhundert v. Chr. eingeführten Königskult zu verstehen. Das Gebiet war zunächst assyrische, später babylonische Provinz, bis es von den persischen Achämeniden im Jahr 539 v.Chr. erobert wurde. Nach zwei Jahrhunderten der Zugehörigkeit zum Perserreich folgte die Herrschaft Alexanders des Großen, der Armenier und schließlich der Seleukiden. Im Jahr 163 v.Chr. sagte sich der Statthalter Ptolemaios vom Seleukidenreich los und begründete das selbstständige Königreich Kommagene. Jetzt lag das Gebiet zwischen den Interessenbereichen der Römer im Westen und der Parther im Osten. Dies erklärt, dass Antiochos I. versuchte, beide Kulturen in einem synkretistischen Kult zu vereinen, in dem er selbst als Gottkönig erschien.

Auf einem Schuttkegel hat der Herrscher nach drei Seiten hin Kultterrassen für seine neue Religion anlegen lassen, die die persische und griechische Mythologie vereinigte. Das so entstandene Heiligtum erhielt den Namen Hierothesion. Die

80 Meter lange Nordterrasse war als Sammlungsort für Prozessionen geplant. Im nördlichen Teil der Ostterrasse hat Antiochos I. die väterlichen Vorfahren als riesige Skulpturen aufreihen lassen. Zu ihnen gehören die achämenidischen Großkönige Dareius I. und Xerxes I. Im südlichen Teil stehen die Ahnen der mütterlichen (seleukidischen) Linie bis zu Alexander dem Großen. Sie werden begleitet von überdimensionalen Götterfiguren, deren spektakuläre Köpfe heute, durch Erdbeben getrennt, unter den auf Thronen sitzenden Körpern stehen. Das wurde dadurch erleichtert, dass die Häupter am Boden geschaffen und erst danach auf die mit den Thronen verbundenen Körper gesetzt worden waren. Von diesen Köpfen geht auch für den heutigen Betrachter eine Faszination aus. Adler- und Löwenköpfe sind Wächterfiguren, die der alten Tradition des Ostens entsprechen. Vor allem der Adler hat die weit geöffneten Augen und buschigen Brauen der assyrischen Figuren. Auch lassen die Löwen Gemeinsamkeiten mit assyrischen, hethitischen, aber auch achämenidischen Figuren erkennen. Diese apotropäischen Wächtertiere enthalten das Machtpotenzial von Antiochus I. Dazu kommen noch Reliefstelen der Vorfahren und ein großer Altar. Die unterschiedlichen Einflüsse aus Ost und West führen zu griechisch-persischen Mischgottheiten. So wird Zeus zu Zeus-Oromasdes, nach dem altpersischen Himmelsgott Ahura Mazda des zoroastrischen Kultes. Apollo wird sogar mit drei anderen Göttern zu Apollon-Mithras-Helios-Hermes zusammengebracht. Auffallend ist, dass dabei die Beziehung zum Sonnengott eine Rolle spielt. Der dritte Gott ist Artagnes-Herakles-Ares. Dazu kommt eine weibliche Gottheit, die allnährende Schicksalsgöttin Tyche, die auch als Landesgöttin fungiert. Man vermutet heute, dass das griechische Element als bedeutender angesehen werden muss.

Die Aufstellung der Figuren in der Reihenfolge von links nach rechts: Auf Antiochos folgen Kommagene, Zeus-Oromasdes, Apollon-Mithras-Helios-Hermes und Herakles-Artagnes-Ares. Sie werden beidseitig von den Wächterfiguren Adler und ganz außen dem Löwen flankiert. Dieselbe Anordnung wiederholt sich auf der zehn Meter tiefer gelegenen Westterrasse, auf der sich auch das „Löwenhoroskop" befindet. Dabei handelt es sich um ein Monument, das auf der Ostterrasse zerstört und in Fragmenten gefunden wurde, sich aber auf der Westterrasse in unbeschädigtem Zustand erhalten hat. Das Relief zeigt einen nach rechts schreitenden Löwen. Auch hier finden sich die weit geöffneten Augen. Der gesamte Körper und Teile des Hintergrunds werden von 19 achtstrahligen Sternen bedeckt, die dem Sternbild des Löwen entsprechen. Dessen Hauptstern heißt *Regulus*, kleiner König. Auf der Brust liegt ein sichelförmiger Mond. Über dem Rücken des Löwen sind drei 16-strahlige Sterne angebracht, die durch die Schrift darüber als die Planeten Mars, Merkur und Jupiter bezeichnet werden. Die Zahl acht entspricht der Rechenbasis im Zweistromland. Die Zahl 16 ist die Verdoppelung.

Man hat daraus geschlossen, dass auf dem Relief eine Sternenkonstellation dargestellt ist. Über die Interpretation herrscht allerdings unter den Experten keine Einigkeit. Vielleicht ist es am einleuchtendsten, darin die Gründungskonstellation des Hierothesions am Nemrut Dağı zu sehen. Es gilt als sicher, dass die Darstellung mit der zumindest symbolischen Vergöttlichung des Königs einhergeht. Allerdings gilt die Anlage als unfertig. Kulthandlungen scheinen noch nicht stattgefunden zu haben. Es wurde keine Spuren gefunden, die darauf hinweisen könnten. Der Ort ist aber einzigartig und erinnert durch seine Lage inmitten der großartigen kargen Bergwelt an den Mosesberg auf dem Sinai.

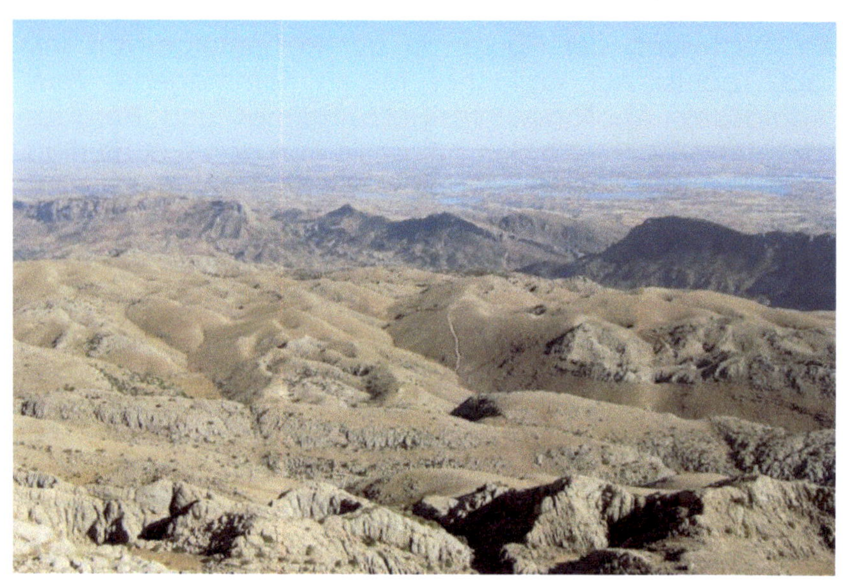

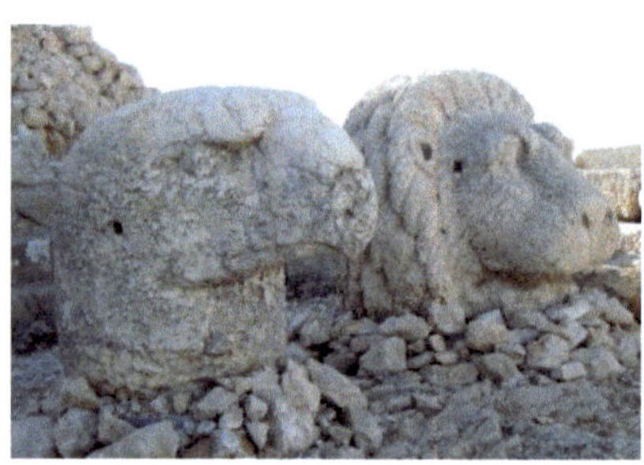

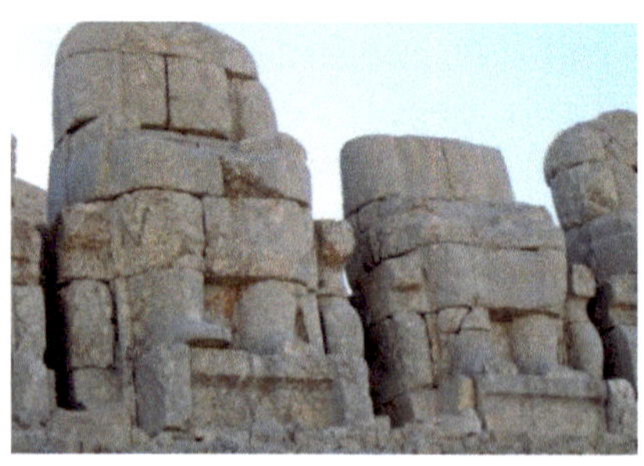

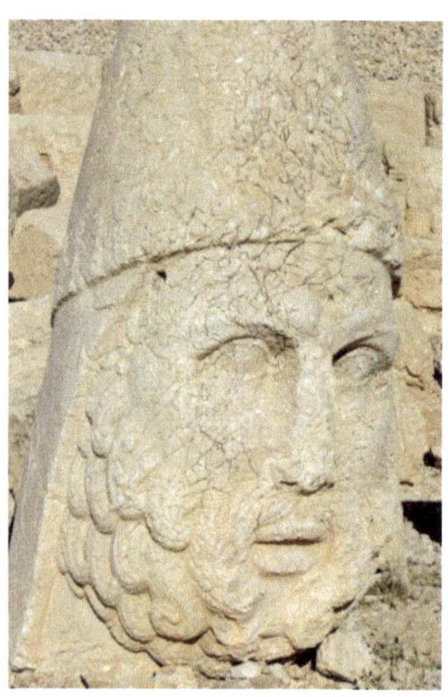

Exkurs: Monumentalfiguren der Osterinseln

Die riesigen Köpfe von Nemrut Dağı lassen an die gigantischen Köpfe auf Rapa Nui, der Osterinsel im südöstlichen Pazifik, denken. Die Insel ist völlig isoliert und liegt 2000 km von der nächsten Insel, 3500 km vom Festland entfernt. Die Insel ist vulkanischen Ursprungs. Es erscheint wahrscheinlich, dass die Insel erst etwas später als 1000 n.Chr. besiedelt wurde und kaum mehr als 5000 Bewohner hatte. Erst die Ankunft der Europäer sollte sich negativ auf die Kultur auswirken. Die Seefahrer, die im 18. Jahrhundert hier landeten, wunderten sich über die zahlreichen Statuen, die bis zu 4 Meter groß sein konnten. Die Köpfe der Monumente waren überdimensional und saßen auf kaum modellierten Körpern, an deren Flanken Arme ruhten. Die Gesichter waren maskenhaft einfach mit großen Augen über einer breiten Nase, einem geraden Mund. Es wird angenommen, dass sie einem Ahnenkult gewidmet waren, stets dem Meer den Rücken kehrten und auf eine Plattform blickten, die Zeremonien diente und auch Begräbnisstätte war. Die Figuren müssen aus dem Tuffstein eines Kraters herausgeschlagen worden sein. Der Transport zu ihrer Plattform ist kaum zu klären, da die monumentalen Figuren stehend bewegt worden sein sollen. Das Einsetzen der Augen aus Korallenkalk soll diesen Figuren ihre Schutzfunktion gegeben haben.

Ägypten

Malerei und Skulptur

Die Art, wie die alten Ägypter den Menschen zur Darstellung brachten, kann man auf einige Grundformen zurückführen. Die unbegrenzte Vielfalt der Erscheinungsformen und Haltungen des menschlichen Körpers wird im Alten Reich, der Pyramidenzeit, in drei Statuenformen ausgedrückt: der Sitzfigur, der Stand-Schreitfigur und der Schreiberfigur. Im frühen Mittleren Reich kommt noch der Würfelhocker hinzu. An der letzten Form ist die kubische Ausgangsform altägyptischer Statuen wohl am eindrücklichsten zu zeigen. Sie hat sich über drei Jahrtausende erhalten. Man kann diese Beschränkung des Formenkanons mit der begrenzten Anzahl von Hieroglyphen der klassischen Zeit in Bezug setzen. Dort kam man mit 700 Bildzeichen aus.

Der Würfel könnte als geballte Kraft interpretiert werden. Er steht auf einem meist quadratischen Sockel. Darauf erhebt sich ein konisch leicht zunehmender Kubus, der vorne unten in eine schiefe Basis ausläuft, die den Füßen entspricht. Auf diesem Würfel liegen meist die Arme und Hände flach auf, dahinter erhebt sich der Kopf.[24]Zu den Sitzfiguren wäre zu sagen, dass ein Sitzender zugleich ein Thronender ist, einer, der auf dem Thron sitzt oder doch herausgehoben ist aus der Masse der Sterblichen als ein Unsterblicher, als einer, der die Fahrt ins Jenseits angetreten hat. Kompakt in ihren Proportionen, bricht die Sitzfigur den kubischen Raum aber durch Asymmetrien auf, so dass eine spannungsvolle Beziehung zwischen Regel und Abweichung entsteht, aus der die Figur ihre Lebendigkeit

[24] Vergleiche hierzu die Hockfiguren archaischer Zeit, z.B. in Qatna /Syrien

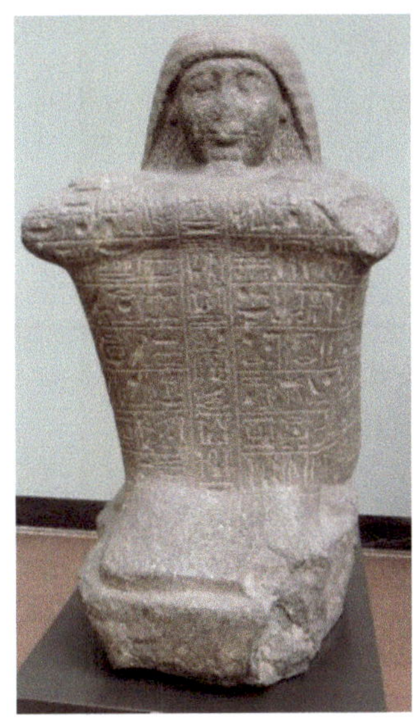
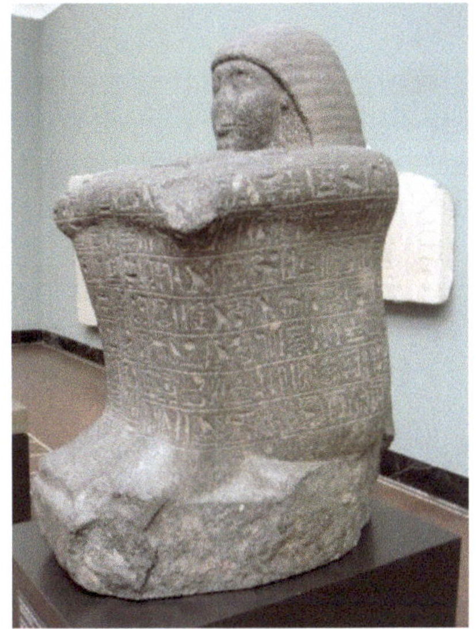
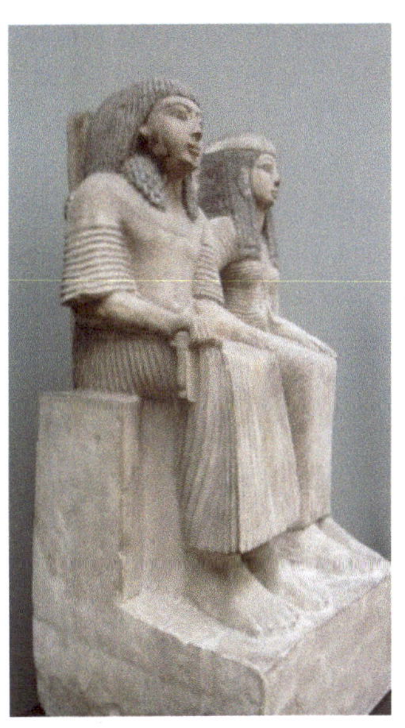
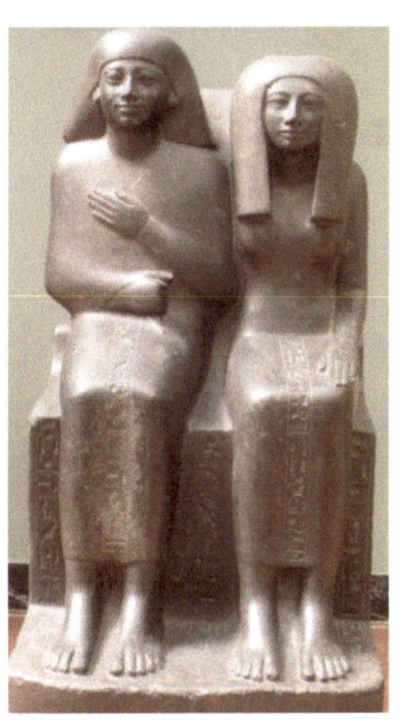

Links: Ein Beamter und seine Frau, 19.-20. Dynastie
Rechts: Der Priester und seine Mutter Baket-re, 18. Dynastie, 19.-20. Dynastie

bezieht. Dabei tritt die Individualität einer Person im Mittleren Reich stärker hervor als im Alten Reich, und in der Spätzeit kommt es zu einer sehr bewussten Wiederaufnahme der Tradition der frühen Zeit.

Die weit geöffneten Augen ägyptischer Stand- und Schreitfiguren bringen die Aktionsbereitschaft, beziehungsweise die Erwartungshaltung zum Ausdruck.

Bei den Palastruinen von Tell el-Amarna handelt es sich eigentlich nur noch um ein paar Grundmauern. Sie machen einen verlassenen Eindruck. Irgendwo hier muss auch die Werkstatt des Thutmosis gestanden haben. Dort wurde die Büste der Nofretete gefunden, die heute in Berlin zu sehen ist. Sie ist wohl die bekannteste Plastik des Alten Ägypten, obwohl sie mit ziemlicher Sicherheit nur Bildhauermodell war, weshalb auch nur ein Auge ausgeführt ist. Die Schultern und Teile der Krone sind in Gips auf einen Steinkern aufmodelliert. Das Werk ist völlig symmetrisch. Die hoch aufragende Krone ist nahezu ausschließlich auf Nofretete beschränkt. In ihrer akademischen Perfektion ist diese Büste atypisch für altägyptische Kunst und Religion, gerade auch für die Zeit Echnatons. Es war ein Missverständnis, dieses weltberühmte Kunstwerk zum Symbol für Altägypten zu machen. Die herbe kühle Weiblichkeit, die die Büste ausstrahlt, entsprach dem Geschmack der Zeit um 1920. Bringen wir nicht immer unsere Zeit in die Vergangenheit hinein, so dass es schwer wird, gültige Aussagen über die Vergangenheit zu machen?

In der Werkstatt des Thutmosis wurden Abgüsse menschlicher Gesichter gemacht. In der Amarnazeit war das Interesse an individuellem Ausdruck gestiegen. Der Alterungsprozess wurde nicht mehr ausgespart, da Alter und Tod ja

Voraussetzung sind für das Leben im Jenseits. Mit Amenophis III., dem Vater Echnatons, kam wohl schon ein monotheistischer Gottesbegriff auf, der vielleicht durch den frühen Tod des Kronprinzen Thutmosis im Jahre1353 v.Chr. ausgelöst wurde. So trat Amenophis IV. (auch Amenhotep IV.), der spätere Echnaton, die Thronfolge an. Er war der jüngere Bruder. Seine Mutter Teje, die nicht königlicher Abstammung war, musste bei seiner Thronübernahme den Titel der Großen königlichen Gemahlin an Nofretete abgeben. Im Berliner Alten Museum gibt es ein entzückendes Holzköpfchen von der nicht mehr ganz jungen, aber ungeheuer charismatischen Frau, die als Witwe vergöttlicht, die Krone der Göttin Hathor trägt. Dort ist auch die Sargmaske der Teje ausgestellt, die von ungeschminktem Realismus spricht. An der gegenüberliegenden Wand bringen die beiden den Göttern Totenopfer dar: der Pharao Auge in Auge mit dem Gott, den Göttern. [25]

Das Gesicht des Menschen erscheint im Profil, aber wir blicken ihm dennoch direkt ins Auge. Die Ägypter zeigen die Personen im Profil, die Schulterpartie und das Auge aber frontal, so auch im Grab des Sennedjem, das völlig ausgemalt die Darstellungen eines ägyptischen Totenbuches an die Wände projiziert. Ähnlich verfahren noch die archaischen Vasenmaler der Griechen. Auch das spricht für den Einfluss Ägyptens auf die Völker der Ägäis.[26]

Die Begräbnisstätte, die Grabkammer des Alten Ägypten, ist eine Art Totenbuch, ein Reiseführer für die jenseitige Welt, die den Ritus enthält, dem sich der Verstorbene unter-

---

[25] Ingeborg Bauer, Ägyptischer Bilderbogen, a.a.O. S.95-96, S.109/10

[26] Ingeborg Bauer, Ägyptischer Bilderbogen a.a.O. S.151

ziehen muss. Eine Art Rückversicherung sind auch die Sarkophage, in die der mumifizierte Körper gebettet wird. Die Toten bekommen Totenmasken über das Gesicht gelegt, die ihnen gleichen, die die diesseitige Individualität wahren. Als Unterägypten mit Schwerpunkt Alexandria und dem Faijûm zur Kolonie des römischen Reiches wird, kommen römische Soldaten und Verwaltungsbeamte nach Ägypten. Sie heiraten Ägypterinnen. Nun werden Porträts der Toten von unbekannten Künstlern in römischer Bildtradition gemalt und Mumien häufig statt mit der bis dahin üblichen Mumienmaske mit einem Mumienbild ausgestattet, das auf dünn geschliffene Holztafeln gemalt wird. Diese Porträts werden in den Kopfteil der Mumien eingebunden. Verschiedene Maltechniken sind nachgewiesen: Zum einen die sogenannte Enkaustik, hier wurden in Wachs gebundene Pigmente heiß auf die Malfläche aufgetragen. Zum anderen gab es die Temperatechnik, dabei wurden Pigmente mit Wasser und einem Öl- oder Fettzusatz, wie z.B. Ei oder Leim, vermischt. Diese Mumienbilder wurden im heißen, trockenen Sand des Faijûm konserviert. Und die Gesichter blicken heute den Betrachter mit weit geöffneten Augen an.

Mumienporträts sind Bilder eines Lebenden, der in den Tod gegangen ist. Und es ist die Erfahrung des Todes, die sich dem Betrachter in diesen Porträts mitteilt, soweit sich das mitteilen lässt. Es ist, als hätten die dargestellten Menschen einen Grad von Entrücktheit erreicht, eine Gelassenheit allem Äußerlichen gegenüber, als ruhten sie in sich. Der Kopf mit den ausdrucksstarken Augen schaut den Betrachter frontal an, die Schulterpartie dagegen ist leicht gedreht, was sie weder völlig unbewegt, noch wirklich lebendig erscheinen lässt. Diese Porträts gehören in einen Zwischenbereich, haben etwas von Heiligen, doch ohne zu byzantinischen Ikonen zu erstarren. Mit letzteren mögen sie allerdings die Intensität des Blickes gemeinsam haben. Es ist auch die Betonung der Augenpartie, die noch an altägyptische Kunst erinnern könnte.

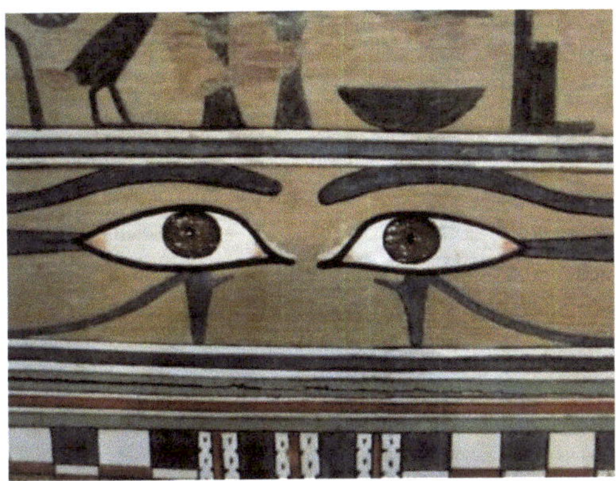

Das Udjat-Auge oder „Horusauge“ wurde in der Pharaonenzeit als Schutz gegen den bösen Blick eingesetzt.

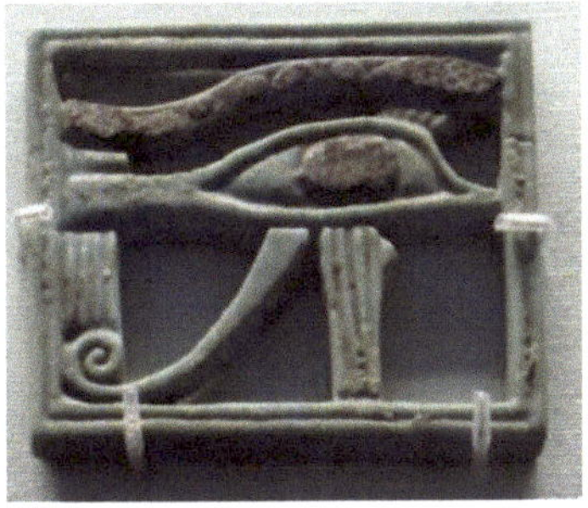

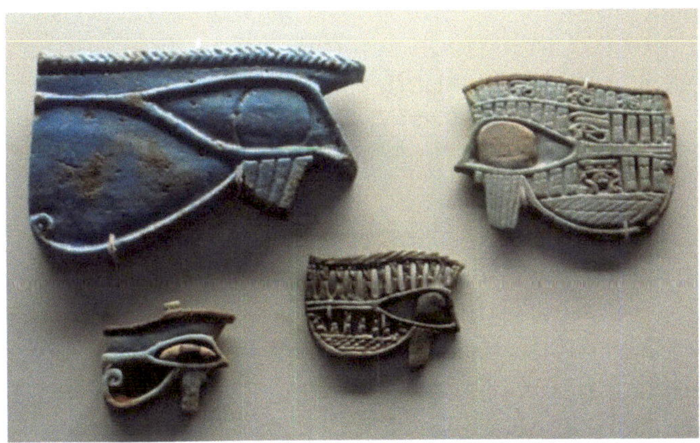

Das Auge ist für den Ägypter des Altertums ein wichtiges Organ. Es dient der Wahrnehmung, ist aber zugleich Ausdruck der Persönlichkeit und der Gefühle. Der Glaube an die von den Augen ausgehende Macht erklärt ihre apotropäische Verwendung. Augen, die auf Sarkophagen aufgemalt sind, sollen dem Verstorbenen die Möglichkeit geben, hinauszuschauen und sich zu verteidigen. Andererseits war und ist auch der Glaube an den bösen Blick tief verwurzelt. Noch heute sind auf dem Bug der Boote im Mittelmeerraum Augen aufgemalt und Anhänger mit einem blauen Auge werden auch an Touristen verkauft. Hierher gehört auch der Spiegel gegenüber der Tür, der das böse Auge, die böse Absicht eines Eintretenden zurückwerfen soll. Der (Aber-)Glaube hat sich also erhalten. Auch im Mythos spielt das Auge eine Rolle. So galt die Sonnenscheibe als Auge des höchsten Gottes, und auch ins Christentum wurde diese Symbolik übernommen. Das Auge des falkenköpfigen Horus, das Udjat-Auge, wird als wirkungskräftiges Amulett verwendet. Der Mythos erzählt, dass Seth, sein Onkel, der ihm den Thron streitig macht, ihm ein Auge herausreißt. Thot bringt es ihm wieder zurück. Nach dieser Version symbolisiert das Horusauge die wiedergewonnene Unversehrtheit und steht damit auch für die ewige Erneuerung des göttlichen Königtums. Auch auf der amerikanischen Dollarnote hat sich ein Auge im Zusammenhang mit einer Pyramide erhalten, dazu der Text: „In God we trust."

Es ist bekannt, dass Paula Modersohn-Becker Mumienporträts sammelte, die sie ganz offensichtlich faszinierten. Sah sie in ihnen etwas Verwandtes, etwas, was ihrem eigenen Erleben und Erfahren entsprach? Mumienporträts waren ungeheuer einflussreich auch auf andere Künstler, etwa auf Gauguin. Und hat nicht Rilke seine Frau Clara geradezu gedrängt, sich diese römischen Porträts genau anzuschauen?[27]

Das riesige Auge, der zumindest für den Verbrecher „böse Blick“, kann in einem Comic jederzeit auftauchen. Es handelt sich zum Beispiel um ein riesiges, gottähnliches Auge, das in einer unglaublichen Plötzlichkeit erscheinen kann, mit verheerenden Folgen für den, der sich schuldig gemacht hat. Das Auge Gottes wird so aus dem religiösen Kontext genommen und wirkt weiter.[28]

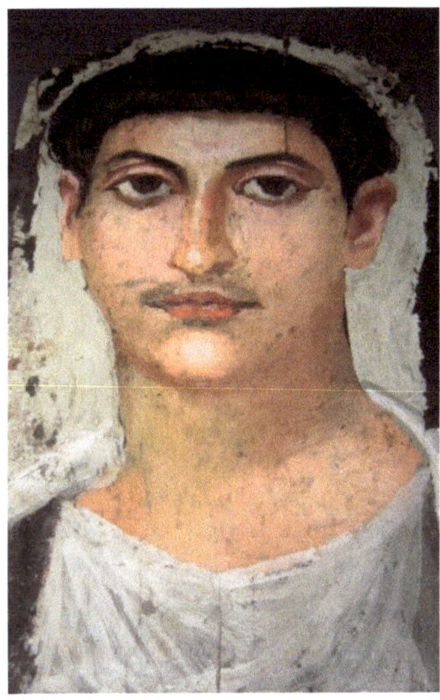

[27] Mehr dazu in: Ingeborg Bauer, Es streift eine dunkle Flöte (Norderstedt 2009) und in „AugenBlicke III“

[28] SZ 7.7.16: „Das Auge ist ein Superheld“ / Christoph Haas

Exkurs: Gesichtsdarstellungen auf Gefäßen

Gesichtsdarstellungen auf Gefäßen haben eine Tradition, die wir bis in die Moderne verfolgen können, wo dem Gast gelegentlich Espresso in einer mit einem Gesicht geschmückten Tasse serviert wird.

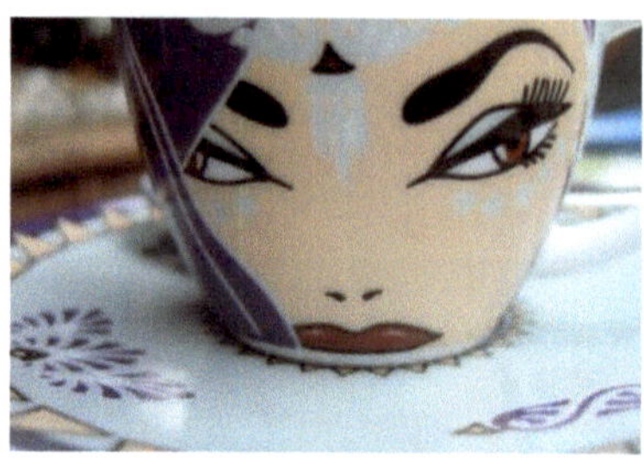

Ursprünglich stehen Gefäße in Frauenform vermutlich im Zusammenhang mit den aus Ton gefertigten Muttergöttinnen. Sie sind weit verbreitet und lassen sich auf das Neolithikum und das Chalkolithikum zurückführen. Auch heute noch hält sich das Anthropomorphe in unserer Sprache, wenn wir von den Schultern, dem Bauch einer Vase sprechen.

In Hacılar (heute Türkei) wurde, wie schon erwähnt, ein kleiner Topf aus gebranntem roten Ton aus der Mitte des 6. Jahrtausends gefunden (11,1 cm hoch). Nase und Ohren sind nur angedeutet, die ovalen Augen sind dagegen überproportional dargestellt.

Ebenfalls im Museum in Ankara ausgestellt ist ein Tongefäß mit Menschengesicht aus Katrataş-Semayük, aus der Mitte des 3. Jahrtausends v.Chr. In der Gestaltung gleicht es dem früheren Gefäß. Die Augenbetonung wird durch eine Brauenlinie verstärkt, die sich in der Strichnase fortsetzt. Der

Mund besteht lediglich aus einem kleinen Kreis. Auf dem Bauch des Gefäßes sind Arme strichförmig angedeutet. Eine weitere Vase aus Terrakotta mit einem Gesicht stammt aus dem 9./8. Jahrhundert v.Chr. aus Patmos. Hier handelt es sich um ein Doppelgefäß in Zweimenschenform aus gebranntem Ton (31,5cm hoch) aus Kültepe (19. Jh. v.Chr,). Hier wird das Gesicht zum großen runden, offenen Auge, das wohl als Ausguss diente. Die dünnen Ärmchen dagegen scheinen lebhaft zu gestikulieren.[29]

Im Archäologischen Museum in Thessaloniki befindet sich ein attischer Kantharos mit plastisch geformten Gesichtern auf beiden Seiten des Bauches aus den Jahren 480-470 v.Chr. (aus der Nekropole in Akanthos).

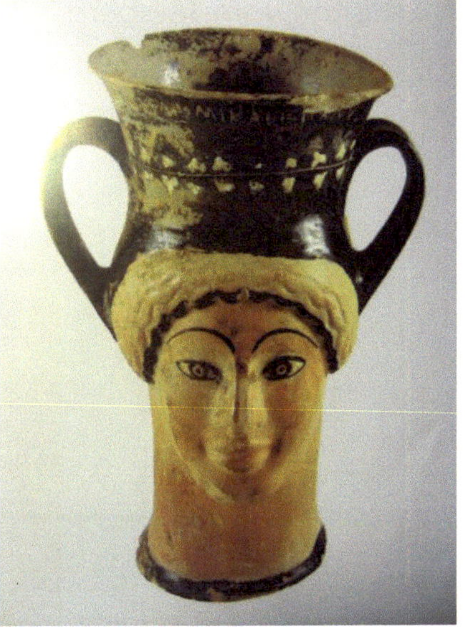

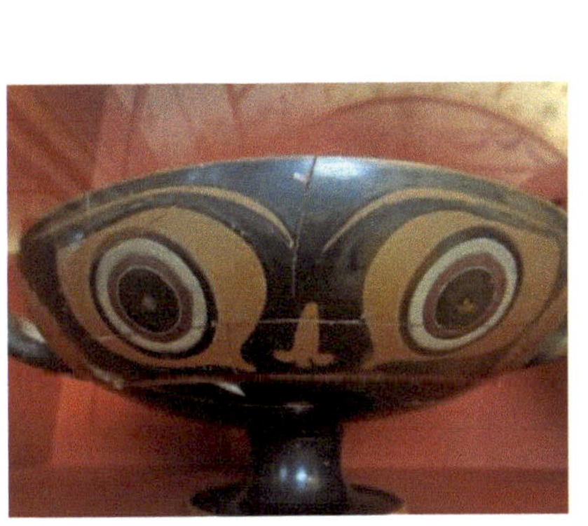

Schale mit der Abstraktion eines Gesichts aus Griechenland

[29] Quelle: Museum für anatolische Zivilisationen (Ankara)

Auch an Henkeln von Bronzegefäßen lassen sich Köpfe entdecken. Solche Gefäße sind im 4. Jahrhundert v.Chr. von Etrurien bis Kleinasien verbreitet. So findet sich im Museum von Thessaloniki ein Frauenkopf am Henkel einer Hydria aus Bronze, einem Wassergefäß aus dem 5. Jahrhundert, das später, um 200 v.Chr. als Urne verwendet wurde und so erhalten blieb.

Gesichtsdarstellungen gibt es unabhängig vom Osten etwa zur gleichen Zeit in Mitteleuropa. Zum Beispiel auf einer Vorratsflasche vom Seelberg in Stuttgart-Bad Cannstatt, 5 500 - 5 100 v.Chr.

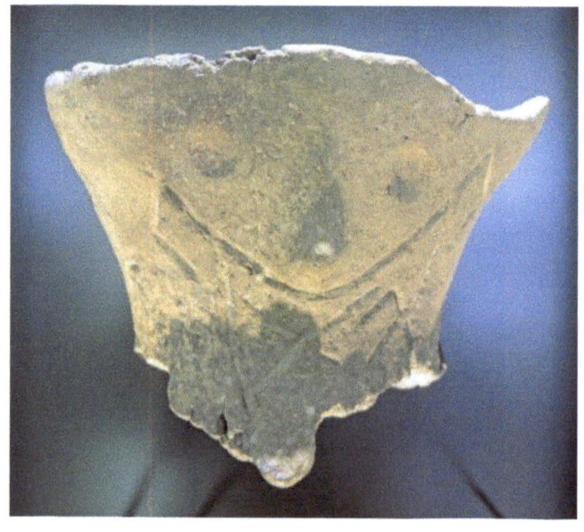

Die Gesichtsdarstellung zierte einst den Hals eines großen Gefäßes, das, mit Ösen versehen, im Haus aufgehängt wurde und den für die Küche notwendigen Getreidevorrat barg. Daneben befindet sich eine Art Strichmännchen mit Vogelhänden und -füßen. Es scheint in einem gewissen Zusammenhang mit dem Gesicht zu stehen.

Masken, stehende und sitzende menschliche Figuren und Plastiken von Haustieren prägen die Bildwelt der frühen Bauern. Es sind Objekte, die sich wohl mit religiösen Vorstellungen verbinden und im gesamten Verbreitungsgebiet dieser ersten Bauern eine identische Bedeutung hatten.[30]

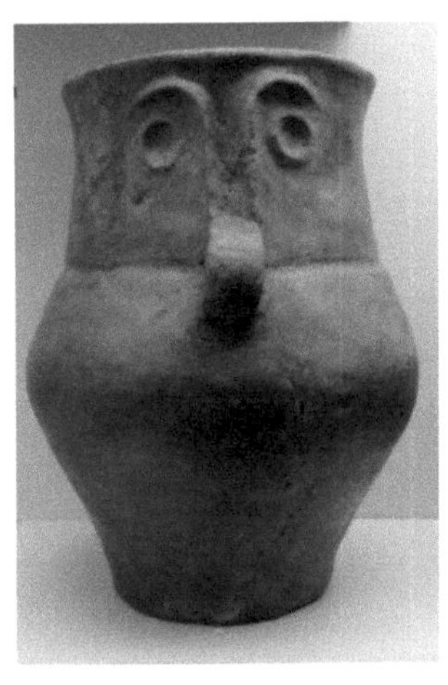

Auch bei den Völkern des Nordens finden sich maskenartige Darstellungen des Gesichts. Auf Schloss Gottorf in Schleswig wird ein Krug mit einem Gesicht gezeigt. Er wird ans Ende des 3. Jahrtausends datiert und der Glockenbecherkultur zugeordnet. Auch gibt es Gesichtsdarstellungen vom Ende der Bronzezeit.

Aus der Zeit um Christi Geburt gibt es bauchige Gefäße, die am Henkel winzige Gesichter zeigen. Diese sind manchmal nur durch rudimentäre Zeichen für Augen und Mund als solche erkennbar und gehören vermutlich in einen religiösen Zusammenhang.

Odin mit einem geschlossenen Auge

Die Völker des Nordens hatten viele Götter. Außer männlichen und weiblichen Gottheiten gab es auch Riesen und Walküren. Die Brüder Odin, Thor und Feyr sind ihre Hauptgötter. Sie haben die Aufgabe, die Ordnung der Welt aufrecht zu erhalten. Die Riesen stehen für das Chaos, und so kommt es zu Kämpfen. Odin ist der Göttervater, aber er ist auch Toten- und Kriegsgott, Gott der Magie und somit zu-

[30] Quelle: „Legendäre Meisterwerke" im Landesmuseum Stuttgart

ständig für die Schriftzeichen, die Runen. Zu ihm gehört das achtbeinige Pferd Sleipnin. Die Raben Huginn und Muninn – Gedanke und Erinnerung – sitzen auf seinen Schultern und informieren ihn über das Geschehen in der Welt. Sie sind vielleicht als zusätzliche Augen aufzufassen, denn Odin hat nur ein einziges Auge. Mit diesem einen Auge schafft es der Gott, eine Art Fokussierung und Zusammenschau vorzunehmen, eine Vereinigung von verschiedenen Perspektiven, die zu einer höheren Erkenntnis führt. Dazu kommen die beiden Raben mit ihrer Weltsicht und ein Zaubertrunk. Hier haben wir im weitesten Sinne Vorstellungen des Hybriden.

Aus der Neuzeit denke ich an ein Bild von Paul Gauguin (1848-1903): „Krug in Form eines Selbstbildnisses" von 1889. Kopfgefäße hatte der Maler als Kind in Peru kennen gelernt. Der Maler rückt sich in die Nähe von Christus. In dem Krug hat er sich als Märtyrer dargestellt, enthauptet, leidend, von Blut triefend, verletzt, die Haare seitlich angelegt zu einer Art Wundverband, eine Anspielung auf das abgeschnittene Ohr seine Freundes Van Gogh? Die geschlossenen Augen sind nach innen gerichtet, die Darstellung ist die eines Leidenden, zutiefst Verletzten. (Abbildung auf S.100)

Ein weiteres Beispiel ist eine Vase mit einer Porträtdarstellung aus unglasiertem Ton, einer Frau mit einem Schlangengürtel aus der Glyptothek in Kopenhagen. Dort findet sich auch ein glasiertes Tongefäß in der Form eines grotesken Kopfes (Abbildung auf S.100)

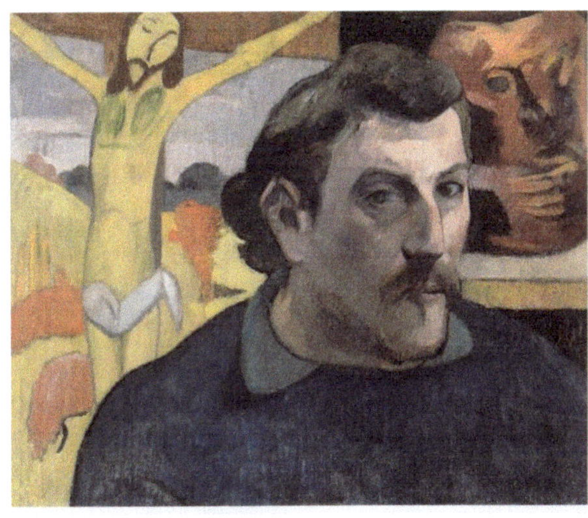

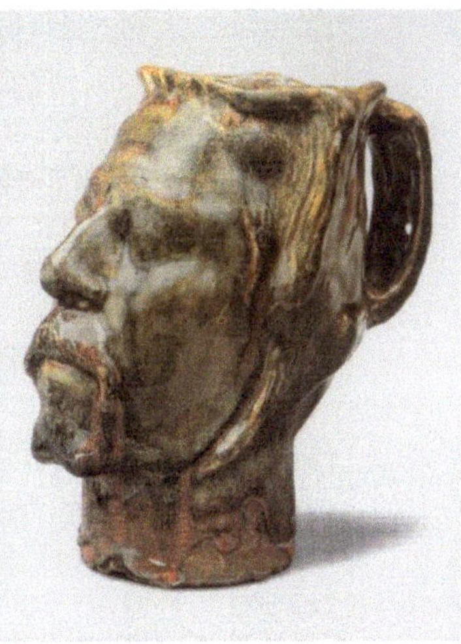

Paul Gauguin, „Krug in Form eines Selbstbildnisses", 1889 und Abbildung auf „Autoportrait au Christ jaune" (Selbstbildnis mit dem gelben Christus), 1890-91.

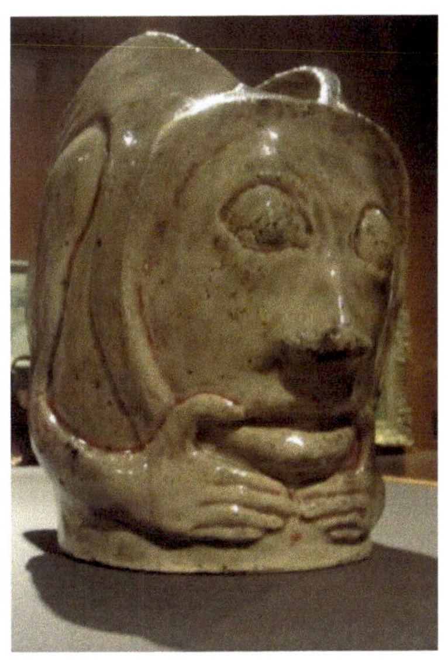

Picasso hat an der Côte d'Azur eine große Zahl von Keramikgefäßen mit Gesichtern oder ganzen Akten bemalt, deren Formen äußerst reduziert und zeichenhaft erscheinen.

Ernst Barlach nimmt 1905/1906 diese Tradition bewusst oder unbewusst wieder auf. Barlachs Maskenköpfe wurden in der Manufaktur von Hermann Mutz in Altona in reliefhaften Modeln gepresst und an den Gefäßkörper in Griffhöhe angesetzt und in Überlauftechnik so glasiert, dass sie die Masken mit einschlossen.[31]

Europa: Völker des Nordens

Keltisches und germanisches Erbe in Irland

Das *Book of Kells* in Dublin

Die sogenannten „Teppichseiten" des *Book of Kells* (Seiten ohne Text, nur mit Ornamenten gefüllt) weisen alle eine Verbindung von geometrischer Abstraktion und abstrakter Figuration auf. So werden Spiral- und Flechtmuster eng mit Tier- und Pflanzenmetaphern verknüpft, wobei die wirbelnden Kreis- und Spiralformen keltisches Erbe sind. Die verschlungenen Flechtmuster, die in sich nicht in gleichem Maße den Forderungen der Symmetrie unterworfen sind, gehen auf das germanische Erbe zurück, das mit den Wikingern nach Irland kam. Diese ineinander verschlungenen Bandstrukturen verwandeln sich in Schlangen mit Vogel- oder Löwenköpfen, aus denen überproportional große Augen blicken. Ähnlich wie bei den Ornamenten der Wikingerschiffe gehen Tiere und vor allem Vögel in einer verwunschen anmutenden Symbiose ineinander über. Diese Motive werden gestalterisch von der irischen Buchmalerei aufgenommen. Da werden zwei unterschiedliche Traditionen auf einem Blatt sichtbar, allerdings in gesonderte Rahmen gesetzt. Oft alternieren sie miteinander und ordnen sich einer umfassenden Symmetrie unter. Was zunächst als reines Ornament erscheint, erhält Bedeutung innerhalb christologischer Symbolik. Ein scheinbar undurchsichtiges Gewirr

---

[31] Abbildungen dazu in „Augenblicke" II

aus germanischem Flechtwerk und keltischen Spiralwirbeln wird dem Kreuz untergeordnet.

Umschlingend umschlungen und doch gefestigt gefasst bleibt das Ganze geheimnisvoll, nicht völlig ausdeutbar. Symmetrie siegt über Asymmetrie, Ordnung über das Chaos. Evolution aus der Zelle, dem Kern, dem Auge. So erscheint unerwartet in den Zwischenräumen, den Zwickeln einer Ornamentseite der Mensch, oft mit der Schrift verkettet. Manchmal ist es nur das Gesicht mit den Augen, die, wenn man sich an den Text der Apokalypse erinnert, als dem Menschen wesentlich gegeben sind und die ihn mit dem Göttlichen verbinden. Mensch und Tier in den völlig gelängten, zum Band gewordenen Körpern, werden oft nur an ihrem Auge erkannt.

Die Porträts sind sehr naturalistisch im Verhältnis zu dem hohen Abstraktionsgrad der Tiere. Die Schlange ist ambivalent, einmal steht sie für die Ursünde der Menschheit und zum andern ist sie wegen ihrer Häutung ein Bild für neues Leben, für die Auferstehung. Sie wird hier aus abstraktem Geflecht entwickelt, stilisiert mit Vogelkopf, manchmal mit einer Art Fischschwanz gezeichnet und gleicht dann der Vorstellung von Drachen, die wohl früh für die Schlange und das Böse gesetzt wurden. Oft bleiben die Hybriden rätselhaft. Alles taucht auf und verschwindet wieder in diesem Ewigkeitsgeflecht, verbunden, verfangen, verknüpft, sich ineinander verbeißend: eine Kette des Lebens.

Fassen wir zusammen: Geflecht, Flechtwerk, Bänder – ineinander verschlungen, verwebt, sich verschlingend – die Komplexität von Spiralen, Schlangenkörpern, die ineinander verflochten sind und in Tierköpfen mit Vogelschnäbeln auslaufen, Bänder, die zu Schlangen werden, einander umschlingen und verschlingen. Menschliche Köpfe, die durch labyrinthisches Flechtwerk miteinander verbunden sind und so kommunizieren, manchmal in Trompetenwirbeln gefangen. „Fäden", die in Händen enden, so als werde Eingebung zur Schrift, zur frohen Botschaft – eine geheimnisvolle Bilderschrift. „Das „Book of Kells" verfolgt in erster Linie symbolische, nicht illustrierende Intentionen, aufbauend auf der Rätselhaftigkeit und Verschlossenheit einer früheren Kultur.

Die Metallkunst zur Zeit der Entstehung der Handschriften hatte Teil an der Hochblüte keltischer Kultur in Irland, die im Umkreis der Klöster zu suchen ist. Und so sind auch Zusammenhänge zwischen der Buchmalerei und Metallarbeiten nicht verwunderlich.

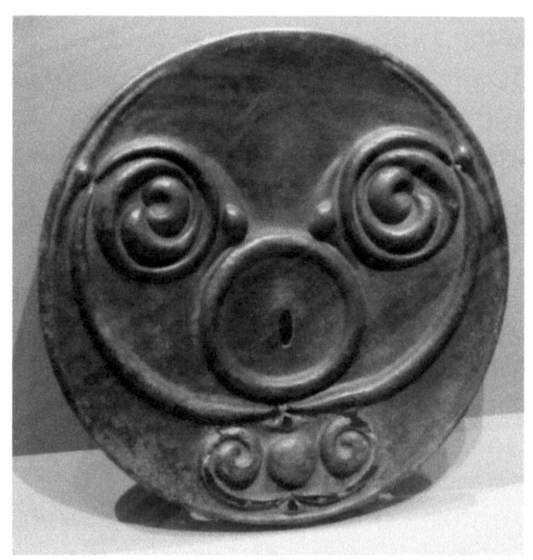

Die Bronzescheiben aus Monasterevin (Abb. S.103)

Ein gutes Bespiel dafür ist eine scharf ziselierte Zierscheibe aus Donore nordwestlich von Dublin. Die Bronzescheiben aus Monasterevin werden ins 1. – 3. Jahrhundert n.Chr. datiert. Der Fundort ist nicht allzu weit entfernt vom Tal des Boyne und von Knowth, wo sich ein Steinblock fand, der in konzentrischen Kreisen innerhalb eines Kreises zwei Augen und einen Mund anzudeuten scheint, vielleicht sogar ein

Ohr, eine Haarlocke. Die Funktion der Bronzescheiben von Monasterevin ist unbekannt, doch steht ihre Qualität außer Frage. Es gibt sieben Exemplare aus der irischen Eisenzeit, die ähnlich, aber nicht identisch sind. Jeweils zwei gehören offenbar zusammen, bilden ein Paar. Die Bronzescheiben sind 28cm im Durchmesser und nur 2 mm dick. Etwas aus der Mitte gerückt befindet sich eine kreisförmige Vertiefung, um die sich eine Komposition aus erhabenen Trompetenlinien und –schnörkeln so gruppiert, dass der Betrachter darin sofort ein Gesicht zu erkennen meint, ein Gesicht mit großen, starren Augen, die sich aus einer Spirale entwickeln. Man hat darin ein Sonnensymbol sehen wollen, was sich mit neolithischen Vorstellungen vertragen könnte. Interessant ist die immer wieder zu beobachtende Betonung der Augen. [32]

Die Wikinger

Exponate des Wikingermuseums in Oslo

Schon um 3000 v.Chr. benutzten die Bewohner des Nordens offensichtlich Stechpaddel, Ruder kamen etwas später. Doch schon die Nordmänner vor der eigentlichen Wikingerzeit hatten hochseetüchtige Segelboote, mit deren Hilfe sich große Distanzen überwinden ließen. Die Orientierung auf der Weite des Meeres geschah durch Beobachtung der Sonne, der nächtlichen Gestirne. Beweise für die Existenz solcher Schiffe liefert Tacitus' *Germania* aus dem Jahre 98 n.Chr. Diese Schiffe waren seetüchtig und konnten wegen ihres geringen Tiefgangs (1,5 m) auch für Flussfahr-

[32] Ausführlicheres über das keltisch-germanische Erbe in Irland in: Ingeborg Bauer, Auch am Rand ist in der Mitte – eine (nicht nur) literarische Reise durch Irland (Norderstedt 2013)

ten benutzt und sogar über Land transportiert werden. Die Bearbeitung des Holzes geschah allein mit Beilen. Selbst die frühen Schiffe waren schon mit Tierköpfen geschmückt.

Das ausgestellte Osebergschiff aus dem 7./8. Jahrhundert n.Chr. – man spricht im Zeitraum von 800 bis 875 n.Chr. vom Osebergstil - bot Raum für bis zu 60 Schilde, also konnten auch bis 60 Männer auf einem solchen Schiff rudern. Das Schiff ist etwa 22 m lang und 5 m breit und aus Eichenholz gefertigt, das nach dendrochronologischen Untersuchungen von einer im Jahre 820 gefällten Eiche stammt. Von der Kielunterkante bis zur Bordkante mittschiffs beträgt die Höhe nur 1,60 m, der Tiefgang 0,75 m. Wie die Schiffe aus der Frühzeit hat das Schiff vorne und hinten einen Bug, so dass es sowohl vorwärts, als auch rückwärts fahren konnte, also auch auf engem Raum geschickt zu manövrieren war. Es besaß eine Ruderpinne. Der 9-10 m hohe Mast war nur schwach gestützt und ungeeignet für längere Fahrten. Das Schiff war mehrere Jahre in Gebrauch gewesen, aber schon einige Zeit nicht mehr benutzt worden, ehe es im Jahr 834 in den Grabhügel am Oslofjord beim Oseberghof eingelassen worden war. Hinter dem Mast des Osebergschiffes waren zwei Frauen in einer Grabkammer beigesetzt worden. Die ältere war zum Zeitpunkt ihres Todes zwischen 60 und 70 Jahre, die jüngere zwischen 25 und 30 Jahre alt. Es muss sich um sehr wichtige Persönlichkeiten gehandelt haben. Man vermutet heute, dass es sich um Schamaninnen gehandelt haben könnte. Nach DNA-Analysen, deren Proben aber auf 1947 zurückgehen, könnte die ältere Dame aus dem Gebiet des Schwarzen Meeres stammen. Vier reich verzierte Schlitten und ein vierrädriger Wagen gehören zu den Grabbeigaben, was an das Grab des *Keltenfürsten von Hochdorf* (um 500 v.Chr.) aus dem Stuttgarter

Raum denken lässt. Am Wagen findet sich auch ein stilisierter Männerkopf von außergewöhnlicher Schönheit. (Abbildung S.107)

Auch die Schlitten weisen sehr unterschiedliche Köpfe an ihren Eckpfosten auf, wobei der sogenannte „*akademische*“ Kopf durch seine klassisch anmutende Klarheit besticht, die übertrieben ziselierten Köpfe in ihrem „*barocken*“ Überschwang erschrecken eher. An einem Eimer findet sich als Detail eine menschliche Gestalt im Schneidersitz, die an eine Buddhafigur erinnert. Es gibt auch hölzerne Truhen und ein Prunkbett, das möglicherweise absichtlich zerstört wurde, um die Toten von einem Weiterleben als Wiedergänger im Diesseits abzuhalten.

Die Schiffe der Wikinger müssen den Zeitgenossen auf dem Kontinent, in Großbritannien und Irland düster und bedrohlich erschienen sein. Die Holzschnitzereien an Bug und Steven sollten wohl apotropäisch sein, Unheil abwenden. Drachenähnliche Ungeheuer erwachsen aus der Spirale, am Osebergschiff ist das in ungeheurer Ästhetik zur

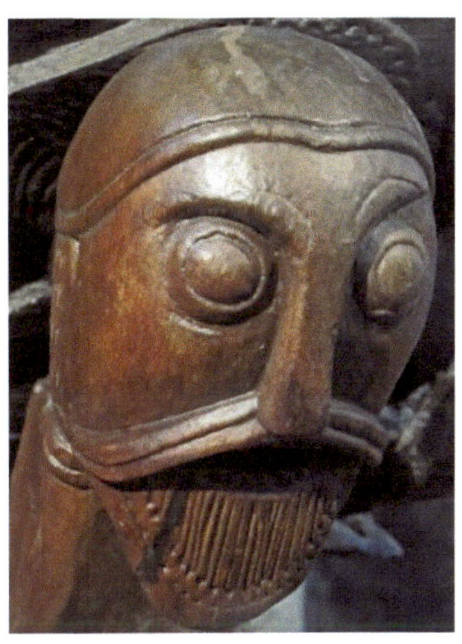

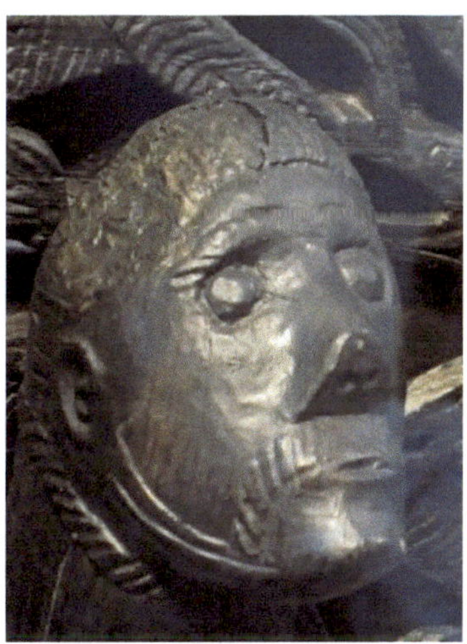

Darstellung gebracht. Die Eleganz des Schiffskörpers mag die Funktionalität eingeschränkt haben. Jedenfalls sind die Flanken des Schiffes mit Bändern aus kunstvoll geschnitzten Reliefs geschmückt. Augen und Hände von Körpern, die kaum wahrnehmbar sind und die sich ineinanderkrallen, was sich so unendlich zu wiederholen scheint wie die Wellenbewegung des Meeres. Und dann blicken aus vegetabilen Labyrinthen urplötzlich große Augen, wachsen aus Mäulern Ranken. Aus ihnen werden schlangenartige Wesen, die sich ineinander verbeißen, einander verschlingen, kurzum ein hybrides Sich-Vermischen der Formen. Abstrakte geometrische Muster setzen sich unendlich fort, den kalligraphischen Zeichnungen eines *Book of Kells* nicht unähnlich. Spiralen kreisen von innen nach außen und wieder nach innen, ein verworrenes Labyrinth, aus dem weitgehend abstrahierte Köpfe mit großen Augen den Betrachter anstarren. Es fällt schwer, die Formen zu fixieren, die einzelnen Bildelemente zu isolieren, denn alles ist miteinander verwoben. Auch das Nydamboot hatte geschnitzte Figurenköpfe aus Erlenholz. Diese Köpfe hatten Bart und Kappe und waren auf den Dollbordkanten befestigt.

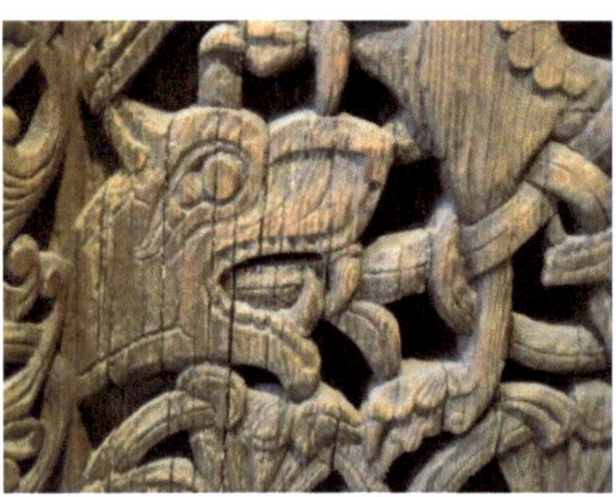

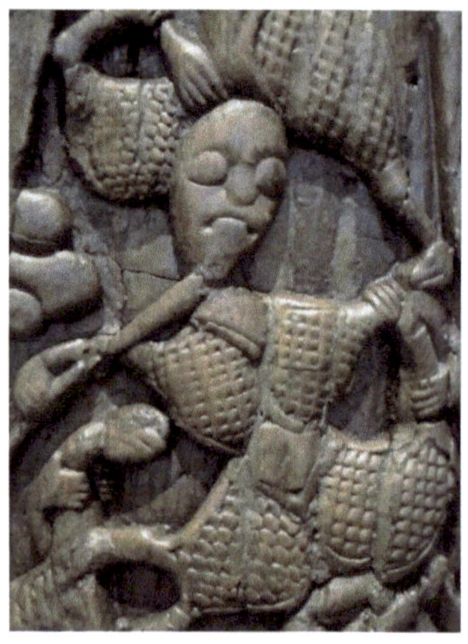

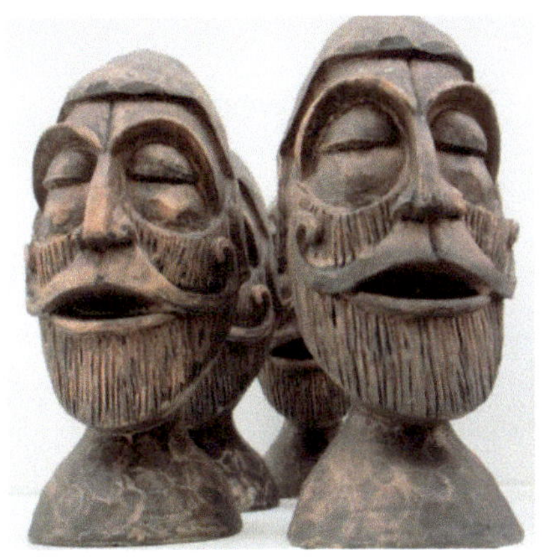

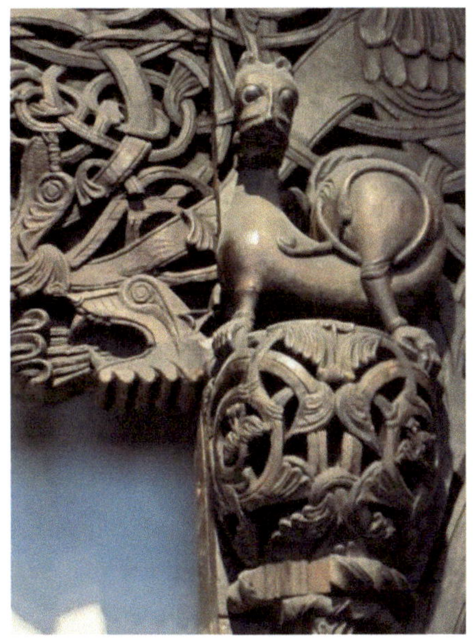

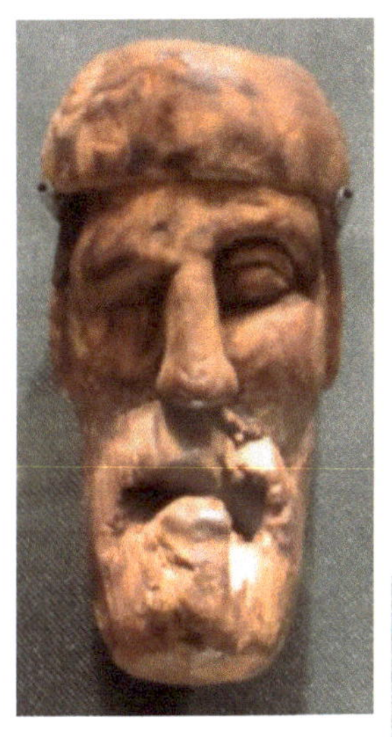

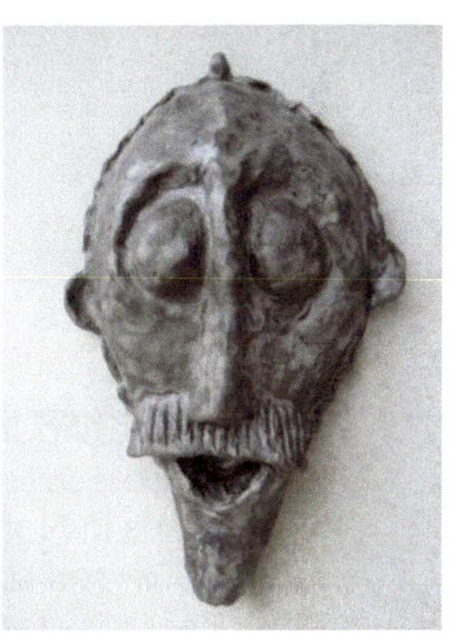

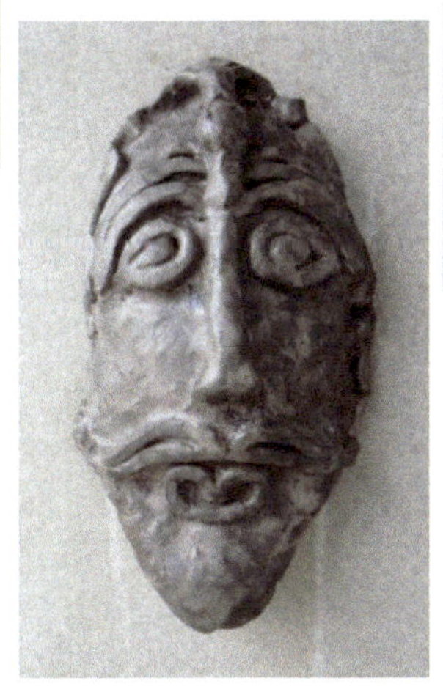

Schachfiguren aus Walrosszahn (12. Jh. / Norwegen)

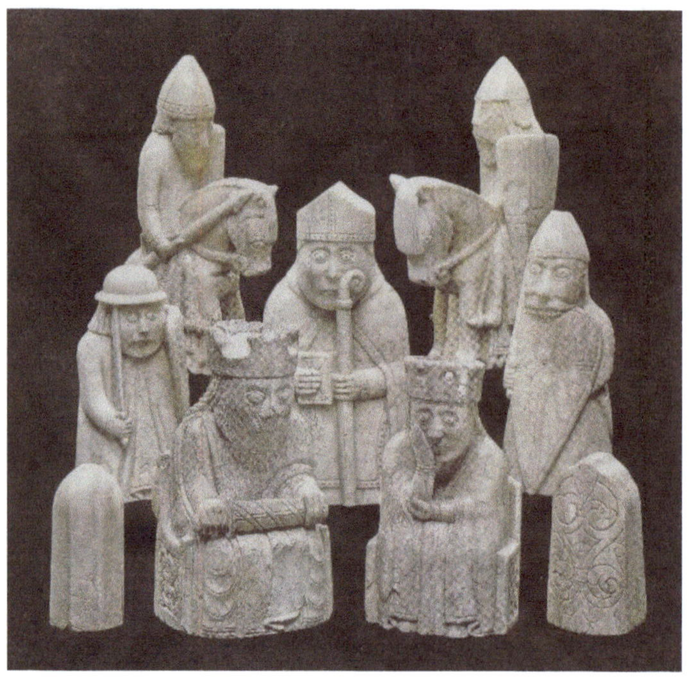

Diese Schachfiguren aus Walrosszahn wurden auf der Hebrideninsel Lewis entdeckt. Sie wurden wohl Mitte des 12. Jahrhunderts in Norwegen geschnitzt. Einige der Läufer sind eindeutig Berserker. Sie starren mit großen leeren Augen blutgierig über den Schildrand, in den sie sich blindwütig verbissen haben, während König und Königin eher nachdenklich wirken. Hier sind die Wikinger bereits ins Mythische übergegangen – gebändigt in der zivilisiertesten Form der Kriegsführung, im Schachspiel. [33]

[33] Ausführlicheres über die Wikinger in: Ingeborg Bauer, Peer Gynt und das menschliche Maß (Norderstedt 2012)

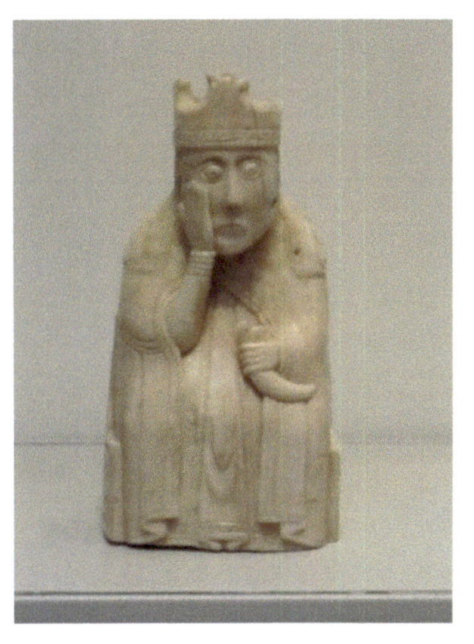

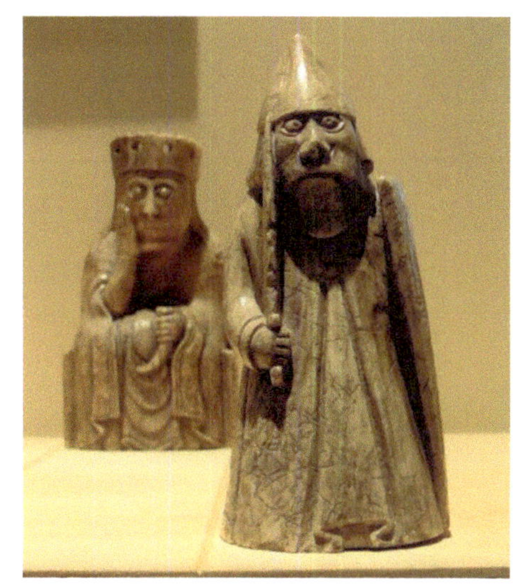

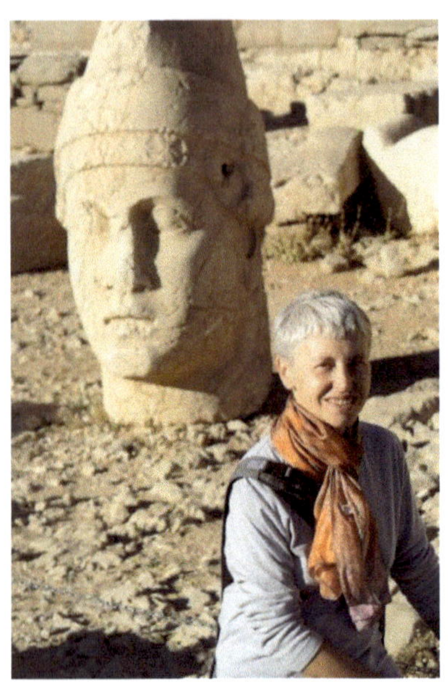

Ingeborg Bauer

Studium der Germanistik und Anglistik. Nach dem Staatsexamen als Studienrätin tätig. Volkshochschuldozentin in Esslingen (Englische Konversationskurse mit Schwerpunkt „Englischsprachige Literatur der Gegenwart"). Freiberufliche Mitarbeit in einer Galerie für zeitgenössische Kunst, Vernissagen, Texte für Kataloge.

Veröffentlichungen u.a.:

- „Mental Maps" - Lyrik und Kurzprosa (2003)
  ISBN 3-89906-447-X € 4,80
- „Das Blau des Himmels aber birgt den Engel" - Lyrik (2004)
  ISBN 3-899906-795-9 € 7,80
- „Traumverwandt die Schatten der Dinge" -Lyrik und essayistische Prosa (2005)
  ISBN 3-89906-597-2 € 8,80
- „Sommerschwer die Vogelbeerdolden" - Lyrik (2005)
  ISBN 3-899906-596-4 € 8,80
- „Die Melodie des Ölbaums und der Palme" – Reisen in den Maghreb" (2007)
  ISBN 978-3-8334-6807-0 € 11,80

- „Am blauen Rand Europas - Inseln im östlichen Mittelmeer" - Lyrik (2008)
ISBN 978-3-8379-5744-4 € 11,90
- „Ägyptischer Bilderbogen - Tagebuch einer Ägyptenreise" (2009)
ISBN 978-3-8370-8722-2 € 25,00
- „Es streift eine dunkle Flöte“ (2010)
ISBN 978-3-8391-4233-2 € 14,80
- „Annette von Droste-Hülshoff - eine Annäherung“ (2010)
ISBN 978-3-8391-4670-5 € 14,80
- „Von Wald, Wasser und Wind
und einer bewegenden Geschichte
Polen - Baltikum - St. Petersburg“ (2011)
ISBN 978-3-8423-4030-5 €35,90
- „Im Bannkreis Venedigs - Venedig - Kroatien - Korfu“ (2011) ISBN 978-3-8423-5850-8 € 24,90
- “Peer Gynt und das menschliche Maß - Gedanken zu einer Norwegenreise“ (2012)
ISBN 978-3-8448-1092-9 €19,90
- „Spiegel innerer Räume - Lyrik zu Bildern von Paul Klee“ (2012) ISBN 978-3-8448-1601-3
€ 24,90
- „Auch am Rand ist in der Mitte - eine (nicht nur) literarische Reise durch Irland“ (2013)
ISBN 978-3-7322-3730-2 € 20,90
- „Von der Zeit“ - Ingeborg Bauer, Lyrik
Peter Magiera, Grafik (2015)
ISBN 978-3-739-224701 € 5,99

• „AugenBlicke, Teil II: Gesicht und Auge – Porträt und Maske
(2016)
ISBN 978-3-741-29306-1
€ 9,99

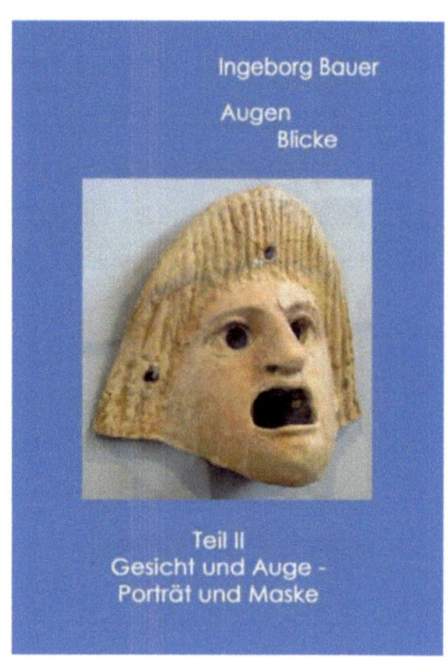

• „AugenBlicke, Teil III: Das Auge in der Moderne
(2016)
ISBN 978-3-741-29309-2
€ 15,99

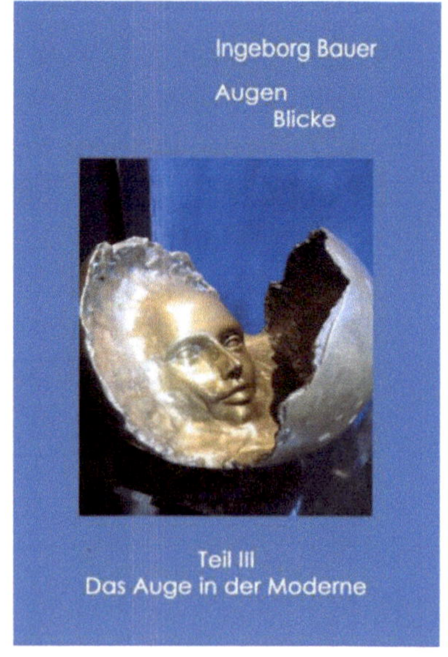